喜樂、幸福人生的八個祕訣

活出天國八福

Live out the Beatitudes

U0069145

景美浸信會榮譽牧師
施達雄 著

五福臨門？八福臨門！

國人很喜歡講「五福臨門」，但其實《聖經》上給我們的應許更美更大！不只五福，祂要我們「八福臨門」！

這本書是我父親施達雄牧師過去的代表作之一。施達雄談「福」，好嗎？從某些人的角度來看，似乎有些怪怪的？論家世，他出生在一個貧苦的家庭，還是個遺腹子，從小為了生計，甚至需去鹿港火車站揀火車上掉下的煤炭渣回家用；論健康，他一出生身體就極差，幼年時的一場大病差點要了他的命，連下葬用的小棺材都準備好了，但卻又奇蹟似的活了過來，但從年少到年老，一路上肺病、肝病、扁桃腺癌……全得過，這樣的一個人，卻能寫得出一本談「福」的書？

其實，他是有福了！認識他的人都感受過他的幽默與大器，因著上帝，他經歷了有福的人生、喜樂的人生，是以他能寫得出這本《活出天國八福》！無論您對您現在的

人生滿意與否，只要來到上帝面前，每個人都能同樣經歷來自上帝的福氣。

這本書當年原本在浸信會文字中心出版，當時頗受好評，很謝謝浸信會文字中心當年的用心。但很可惜，近年來浸信會文字中心已暫停所有的出版業務，形同歇業狀態；我相信每個作者看待自己的一本書就像看待自己的一個孩子一樣，是以我主動向浸信會聯會拿回我父親所有書籍著作的版權，委由近年來常幫我出書、且在編排與推廣上甚為用心的「主流出版有限公司」重新規劃出版。在此非常謝謝主流出版的鄭超睿社長願意出版這些書，而我們家仍會永遠對浸信會文字中心懷著深刻的情感。

施以諾 博士
作家
輔大醫學院職能治療學系專任精神科副教授
輔大醫學院老人照顧資源研究中心主任
臺北市醫學人文學會理事長

作者序

　　很高興這本闡述八福而以《活出天國八福》為名的書籍能夠出版。回想當年，我的肝疾第四度復發，經過將近半年的休養與治療，終於可以講道並寫完這一本書，實在感謝上帝如此恩待了我。回想，我在廿七歲時接受景美浸信會的聘請，承擔牧會的職分，廿八歲被按立為牧師，即使在景美浸信會牧會卅五年後榮退，我仍然深愛主所託付我在景美浸信會的牧會聖工，也深愛上帝所託付的這一羊群，這實在是主所賜的恩典，對一個蒙召獻身的傳道人而言，有什麼恩典，能比此更大的呢？

　　《活出天國八福》是我在主日向會眾之系列講道文稿，經過整理而編撰成書。基督徒蒙恩得救之後，並非只是坐在安樂椅上等候天國的來臨，而是要積極地為主而活，活在工作崗位上，活在家庭的生活中。主耶穌基

督不但賜我們新生命，更賜給我們豐盛的生命，我們不但要活著，並要活得更美、更好。秉此一信念，我宣講在主裡所領受的這九篇信息，指引上帝子民有正確的生活態度與正確的生活方向。

《活出天國八福》並不是一本模範講章，但這些肯定是來自祈禱、默想中，所獲得、傳揚的時代信息。願感動我傳揚此一真道的聖靈，也感動每一位讀者。

施達雄（景美浸信會終生榮譽牧師） 敬識

目錄

五福臨門？八福臨門！　　　　　　003

作者序　　　　　　　　　　　　　005

第 一 章　　淨化心靈　　　　　009

第 二 章　　更進步！更和諧！　021

第 三 章　　心平氣和　　　　　033

第 四 章　　光明磊落　　　　　045

第 五 章　　愛人如己　　　　　057

第 六 章　　心存善念　　　　　071

第 七 章　　使人和睦　　　　　085

第 八 章　　擇善固執　　　　　099

第 九 章　　活在上帝的世界中　111

他講道，更行道　　　　　　　125

活 出 天 國 八 福

第 **1** 章

淨化心靈

虛心的人有福了！因為天國是他們的。

——馬太福音五章3節

驕傲的人，往往是高估了他所擁有的一切。

——西方諺語

有一天，林肯總統的朋友來拜訪他，目的是要推薦某人作政府官員，林肯對於這個被推薦的人早有所瞭解。這人只是個暴富的商人，在積聚龐大的財富之後，就想求得地位和頭銜，來贏取人們的景仰，所以林肯非常不屑這種人。

當林肯總統靜靜地聽完他朋友的推薦詞之後，輕輕一笑說：「不瞞您說，您所推薦的這個人，他的長相，我左看右看，總覺得不順眼。」

他的朋友聽了之後，很不以為然地說：「開什麼玩笑，我是推薦他來工作，工作與他面貌的俊醜有什麼關係？再說，一個人的長相是天生的，他不必對他的長相負責。」

這時，林肯總統面色凝重地看著他的朋友說：「不，你錯了！一個人過了四十歲以後就必須對自己的相貌負責。」

事實上，一個人內在心性的修養，會影響外在的面貌。人在外表所顯露的，正是他內在心性氣質的總累積；發於外，就成為他平常的一言一行，也就是他的形像了。一個人若想要有好的形像，就當淨化自己的心靈，驅逐邪惡的意念，「虛心」地接受並實踐真理，保守自己常存仁愛善良的心性。

主耶穌說：「虛心的人有福了！因為天國是他們的。」如果天國果真屬乎你（在你的心裡），那麼無論你走到哪裡，那裡必然就是天國。因此，無論你輸或贏，成功或失敗，振奮或沮喪，得意或失意，你都能喜樂，因為天國就在你的心裡。

弟兄姊妹們！小心！你的內心可以成為天國，也可以成為地獄，全在乎你的選擇。本章的經文中，主耶穌提醒我們，「虛心」就是讓自己內心成為天國的祕訣。

什麼是「虛心」？如何才能「虛心」呢？

倒空心思——棄除心中的惡念

「虛心」的第一種含意，是指倒空自己的邪惡心思，以接受真理來改變自己的觀念和行為。這是淨化心靈的首要工作。正如農夫，必先拔除雜草，拾走磚石，鋤鬆泥土才能撒播種子；人必須要先棄除心中一切雜亂並邪惡的思念，才能容納天國在自己的心中。如果我們信主多年，竟然沒有真正的喜樂和平安，就當自我省察原因為何？

主耶穌曾應許：「天國就在你們心裡。」（參路十七20-21）人心中若仍舊充滿了詭詐、貪婪、邪惡（參可七21-23），基督怎能在其心中建造天國呢？

在主的教會中，不論年數多寡，資格多老，閱歷多深，若不除去心中的惡念，則基督仍在心門之外，我們的心裡還沒有成為天國。就如石頭浸在河水中，因為石頭並非空心，無法積存水量，一旦離了河水，你是你，我是我，石頭和河水兩不相干。所以許多信徒並沒有全然接受基督，雖然他們常參加教會裡的各種活動，只要步出禮拜堂的大門，信仰歸信仰，行為歸行為，兩不相

干，這就是為什麼有些人信主多年，心中卻沒有喜樂和平安的原因了。

唐宋八大家之一的蘇東坡，有位當和尚的好友，兩人私交甚篤，堪稱莫逆，每每論詩書、談佛法總是不相上下，難分軒輊，蘇東坡心中不服，常想要贏過他。一日，兩人相對打坐，東坡問和尚說：「你看我打坐像什麼？」和尚雙手合十，雙目輕閉，緩緩地回答說：「像佛。」蘇東坡聽了心中極為快樂。接著，蘇東坡又問和尚：「那麼你自己打坐像什麼呢？」和尚說：「你看呢？」蘇東坡打量了和尚一番，嬉笑地說：「像一堆牛糞。」然而，這一位和尚似乎聽而不聞，仍然神態自若地安詳打坐。蘇東坡見和尚無言反駁，就自以為贏了和尚，逢人便自詡一番。

後來，素有才女之稱的妹妹（蘇小妹）聞之，笑著諷刺他說：「你輸了，還不自知地自我炫耀。」蘇東坡說：「何以見得？」蘇小妹說：「和尚心中有佛，所見自然是佛；你心中是牛糞，所見當然是牛糞了。」蘇東坡慚愧莫名，無言以對。

弟兄姊妹們！你心中所充滿的是什麼？是愛？或是

恨？它會左右你的人生觀點，會影響你一生的幸福。我
們當藉著靈修生活來摒除心中一切的惡念，淨化自己的
心靈，讓主在我們的心中建立天國，天國的平安和喜樂
必然洋溢在你我的心中。

基督徒必須倒空自己心中的惡念！

心靈貧窮——肯依靠全能的上帝

「虛心的人」，有的聖經譯本譯為「心裡貧窮的
人」，也有的直譯為「察覺自己靈裡有需要的人」，或
「自己努力行善而願意依靠上帝的人」。人能察覺心靈
裡有需要，是人回轉歸向上帝的先決條件。一個察覺心
裡有需要的人，他必不驕傲、不自義；他必然「虛心」
地尋求上帝、親近上帝，因此，上帝的國不但在他的心
裡，更是深入在他的生活之中。

自知心靈貧窮的人（道德力量的貧窮、真理知識上
的貧窮）感到自己有所不足，得依靠上帝的幫助和憐
憫，成為正正當當、清清白白的人，這種人當然是有福
的人。在耶穌「上聖殿禱告」的比喻中，法利賽人在其

祈禱中，所表達的是：「我很不錯，我不像別人那麼軟弱，我並不缺什麼。」這簡直不是向上帝禱告，而是向上帝吹噓。而稅吏在禱告中所表達的是：「上帝啊！我錯了，我真需要幫助！」因此他獲得上帝所賜的毅力，能成為新生的人。面對同一位上帝，因為這兩種不同態度，就有不同的果效。你是察覺心裡貪窮、有需要的人嗎？

有位弟兄的孩子非常頑皮，總是不肯聽話。一天，家中來了客人，孩子知道父親不會在客人面前打他，所以更加撒野。父親以眼示意，他卻視若無睹；等客人走了，父親痛打了他一頓。到了晚上，父親照常與他一同睡前禱告，父親要孩子禱告，孩子就禱告：「今天玩得好，吃得好，感謝主，阿們！」

父親就問：「還有呢？」

他的意思是要孩子承認不聽話的過錯。

結果，孩子想了一想又禱告：「天父啊，今天爸爸又發脾氣、又打人，求你赦免他的罪。」

這父親聽了，感到實在又好氣又好笑。有時候我們

也像這個孩子，常「看見弟兄眼中有刺，卻不想自己眼中有樑木」。總覺得別人軟弱、需要悔改，卻忽略了自己卻是最軟弱、最需要悔改的人。孔子曾說：「見賢思齊焉，見不賢而內自省也。」（《論語》里仁第四·之十七）基督徒更應當具備這種美德。

淨化自己的心靈，不但自己要「倒空心思」，更要發現自己心靈的需要，虛心地接受聖靈，「依靠全能的上帝」，使自己在信心與品性上成為富足的人。

基督徒理當是因發現自己的缺陷，而對上帝有強烈需要感的人！

心存謙卑——存謙卑的生活態度

「虛心」的另一層含意，就是「謙卑」的生活態度。謙卑是虛心的表現，在內存有虛心，在外必流露出謙卑的樣式。

古往今來，有不少聰明才智之士，在其功成名就之後遭受悲慘的打擊，甚至惹上殺身之禍，這都是因為他平日在不知不覺中，種下驕傲的禍根。因此聖經上說：

「驕傲來,羞恥也來;謙遜人卻有智慧。」(箴十一
2)又說:「敗壞之先,人心驕傲;尊榮以前,必有謙
卑。」(箴十八12)這些都是提醒我們一個真理——驕
傲必帶來失敗,謙卑必帶來尊榮。

因此,主耶穌極中肯地說:「虛心的人有福了。」
就是這個道理。胡重恩弟兄在其所撰述的《慧語精華》
一書中,曾如此說:

> 在今天的教會中,越有恩賜的人,越容易犯上
> 驕傲的罪。驕傲是撒但利用來攻擊屬上帝的人
> 最凶狠的武器,它的可怕不只是在驕傲的本
> 身,而是在於有了驕傲而不自知自覺,還以為
> 自己非常屬靈。

所以聖經提醒我們:「你要保守你心,勝過保守一
切,因為一生的果效是由心發出。」(箴四23)基督徒
要保守自己的心,免得陷入自滿自足、自我陶醉、自以
為義、自我標榜之驕傲的網羅裡而不自知。事實上,
「謙卑」是最難以持守的美德。一無所有時能謙卑並不
算什麼,而能在樣樣都有時還謙卑地歸榮耀給上帝,才

真的是難能可貴。小心！驕傲常是魔鬼攻擊蒙恩的信徒最銳利的武器。

有一則西方諺說道：「驕傲的人，往往是高估了他所擁有的一切。」真是一語道破人之所以驕傲的原因——太高估自己！有一隻螞蟻與一隻大象同時過橋，這座橋因禁不起大象龐大的體重，在他們經過時，搖晃了起來。當大象和螞蟻都平安的過橋之後，螞蟻卻大聲地向大象喊道：「看啊！我們確實振動了這座橋！」

我們覺得螞蟻幼稚可笑嗎？請仔細想一想，人們不是常像螞蟻般的自我誇耀嗎？保羅曾說：「所以無論誰，都不可拿人誇口。」（林前三21）古人說：「驕者必敗」，正印證了聖經所教訓的真理。

富蘭克林先生有次拜訪一位長輩，將辭別的時候，頭部誤撞著他家的門楣。當時這位長輩向他說：「你還年少，前途遼遠，將來在為人處世上，需要盡量屈下頭額，就可免受強力的打擊。」聰明的富蘭克林遂將這句話銘記在心，成為他終身的座右銘，更因此成為歷史上的偉人。西方俗語說：「最豐滿結實的稻穗，最接近地面；最沒有分量的莠草，最高舉自己。」驕傲正顯明了

人的無知。因此聖經說：「敬畏耶和華心存謙卑，就得富有、尊榮、生命為賞賜。」（箴廿二4）謙卑是每位基督徒所當具有的美德。

淨化自己心靈，就當除去驕傲；具有謙卑的生活態度，他的內心、他的家庭就是天國了。

基督徒理當具有謙卑的生活態度

主耶穌說：「虛心的人有福了，因為天國是他們的。」你的內心、你的家庭可以成為天國，也可以成為地獄，你有選擇的權利。而「淨化心靈」──願棄除心中惡念，肯全然接納真理，依靠上帝，存謙卑的態度生活，正是獲得天國的祕訣。

「淨化心靈」，正是扭轉「命運」，獲得喜樂、幸福人生所當努力的目標。

第 2 章

更進步！更和諧！

哀慟的人有福了！因為他們必得安慰。

——馬太福音五章4節

君子之過，如日月之食焉。過也，人皆見之；
更也，人皆仰之。

——《論語》·子張第十九

耶穌說：「哀慟的人有福了！因為他們必得安慰。」乍聽好像為似是而非的道理。當一個人在哀慟的痛苦中時，豈能有喜樂和幸福可言呢？到底主耶穌說這句話的真義又是什麼呢？當然，祂不是要應許那些容易流淚或終日啼哭、在情緒方面有障礙的人們會因此獲得喜樂和幸福；這一節經文也不是為了安慰那些患心理病的人們，而是針對情緒正常的普通人說的。是為了要教導他們知道該當怎樣行，才能有更幸福、更喜樂、更圓滿的人生。

「哀慟」，其本身的意義是指為罪惡或某一種錯誤而憂傷；而必得「安慰」，其最積極的意思是指被上帝的剛強所剛強。今天，人們會犯錯，大多懷著兩種心態，一種是以犯錯作惡為能事，認為這是他的本領；另

一種人是明知這樣做不好，但卻不肯自制。這兩種人都
不是哀慟的人。哀慟是指在上帝面前真心悔改，因此從
上帝獲得毅力，進而棄惡從善，能在失敗中汲取教訓而
有所成長，這種人的品性必然更進步，家庭必然更和
諧，因而能建立幸福、喜樂的人生。

　　主耶穌所說的「哀慟」，不是懊悔式的哭泣，而是
包含了三層更實際的含意，即認錯的勇氣、悔改的行動
與成長的意願。具有這種哀慟的人，上帝必賜其毅力，
使之剛強，他也必然獲得成長、新生的喜樂。

認錯的勇氣

　　「哀慟」的第一層意義，是指當人們犯錯時有知罪
的智慧，有認錯的勇氣。事實上，「我錯了！」是在人
際關係中，最不容易說出的一句話。但是除非我們學會
這句話，且真心的運用，否則很難有更進步的品性與更
溫暖的家庭。

　　「哀慟」是指在自己犯錯時，願向上帝悔改，也肯
向人認錯；因此，不但在失敗中肯站起來，也因為依靠

上帝的幫助而更剛強，不致再跌倒。一個知錯而認錯的人，不僅能贏得別人的諒解與尊重，同時也能得到上帝的悅納與憐恤。先賢子貢說：「君子之過也，如日月之食焉。過也，人皆見之；更也，人皆仰之。」這種改變和更新，必然對己、對人有極大的價值。

從信仰的層面而言，我們常常禱告說：「主啊！我們都是大罪人。」這不是真正的認罪。真正認罪的禱告，是承認：「我是個罪人。」就像稅吏的禱告：「上帝啊！開恩可憐我這個罪人！」又如浪子悔改認錯時說：「父親，我得罪了天，又得罪了你。」浪子向父親認錯，是新生活的起點。人最可悲的是以犯罪為戲耍，以致良心麻木，甘願「享受」短暫的罪中之樂，而不肯回頭也無力回頭。然而，當人肯向上帝祈求，上帝必幫助我們勝過一切的誘惑。

從實際生活的層面而言，人性的弱點是，縱然發現自己的過失，常是不肯承認接受，且千方百計地為自己辯護、解釋、掩飾；而當其無法推諉時，則將其過錯歸罪於他人或環境的誘惑。就如吃善惡果的事件中，亞當將責任推給了夏娃，夏娃則將責任推給了蛇的引誘。基

督徒必須根除這種偏袒自己、推諉過失的毛病，品性才
會更進步，人際關係才會更和諧。

有位學者說：「世界上唯一不會犯錯的人就是死
人，我在上週遇到一個有四千年沒有犯過錯誤的人，他
就是大英博物館的一具木乃伊。」人人都會有軟弱，作
一個真正的基督徒必須肯誠實地說「我錯了」，而且能
在這種反省中逐漸更新而成長。如果每一個人能夠少一
些責備別人，多一點自我反省，那麼家庭、社會就會更
和諧、更溫暖。

個人、家庭、教會、社會的進步與和諧，從自我反
省、自己肯承認，與自己敢承認錯誤開始。

肯「認錯」，是使自己品性更進步，與人更和諧的
祕訣。

悔改的行動

「哀慟」其第二層意義，是指當具有實際「悔改的
行動」。有真心悔改行動的人，他的品性必然更進步，
人際關係當然更和諧，這種悔改行動足可扭轉他的「命

運」，他當然是有福的人。

衛斯理先生在一次主日崇拜結束後步出禮拜堂，有位中年太太上前對他說：「先生！我知道我是一個罪人。」

衛斯理說：「不錯！妳實在是個罪人。」

那位太太聽後臉色大變，轉身就走。走了十幾步，又狠狠地瞪了衛斯理兩眼。原來她對傳道人說自己有罪，乃是客氣話，哪知衛斯理為人誠實嚴肅，不知客套，所以惹了那位太太生氣。

過了五天之後，這位太太親自到衛斯理先生的家中，問他說：「先生，前幾天你在禮拜堂的門口，為何當著眾人的面前，說我是罪人呢？」

衛斯理說：「妳不是先說妳自己是罪人嗎？」

那位太太回答說：「我自己說我有罪就罷了，卻不能讓別人說。我實在比我的鄰居強過百倍。若我是罪人，他們是什麼人呢？」

弟兄姊妹們！如果我們的認罪並非真心（有口無

心），必然無法從上帝獲得能力，也怪不得信徒仍舊勝不過罪的誘惑，以致失敗跌倒。

主耶穌所說的「哀慟」，不是一種社交客套的表演，也不是一種懊悔式的哭泣，而是包含著「悔」與「改」的意義。而悔改具有三種層面，即方向的轉移、態度的改變及意志的降服。用「改」來證明「悔」的真誠，這是我們當盡的本分。上帝可以為我們開闢一條救恩之路，但不能替我們悔改。悔改乃是我們的事，例如說謊話是人的行為，我們必須對這行為負責；當我們悔改的時候，就必須棄絕謊言，上帝不替我們棄絕謊言，這是我們當有的努力。

「哀慟」不只是哭泣，最重要的是悔改的決心和行動。例如學生考試作弊被送往訓導處，往往會哭泣流淚，他不是覺得自己有錯誤而哭泣，乃是怕被記大過，甚而抱怨自己為什麼那麼倒楣，作弊時竟不小心而被逮到。有人犯了法，闖了禍，被送到警察局時，也會痛哭流淚或泣不成聲，這就是悔改嗎？並不是！他們無非是怕羞、怕官司。真正的悔改是什麼呢？悔改如同農夫拔盡田中的野草，而撒下好種；悔改如同患重病的人有喪

命之憂，而自願就醫服藥或開刀處置，以期身體恢復健康。簡單地說，悔改是一種棄惡從善的行動。

很多人常會以「立志為善由得我，只是行出來由不得我」，來成為知錯不改的藉口，而忘了保羅得勝的凱歌說：「感謝上帝，靠著我們的主耶穌基督就能脫離了。」（羅七25）

希臘諺語說：「最丟人現眼的事，就是在同一塊石頭上絆倒兩次。」信仰的歷程不也正是如此嗎？基督徒當存有征服錯誤，使自己更進步的決心。

肯「悔改」，是使自己品性更進步，與人更和諧的祕訣。

成長的意願

哀慟的第三層意義，是指具有「成長的意願」。不但改變自己的錯誤，更是竭力追求品性的進步。不只是不再犯錯，更要有積極向善的決心。

詩篇第一篇以果樹為喻，極清楚地為我們提供當成

長的原則、動力與果效。首先談到:「不從惡人的計謀,不站罪人的道路,不坐褻慢人的座位。」(1節)敢向誘惑試探說:「不!」這正是期待成長者所必遵行的原則。

一個真正為錯誤而「哀慟」的人,就當立定心意不再犯錯,更不與犯罪的人同流合污。保羅說:「我是攻克己身,叫身服我。」(林前九27)如果要使自己的品性更進步,就當克制自己的慾望。

報紙曾登載有個人因賭輸「樂透彩」而去搶劫,後來被捕的社會新聞。我們都覺得這個人真糊塗,但是如果你以為只有非基督徒才會財迷心竅,那你就錯了!有些信徒其實竟也禁不起誘惑而去簽賭。聽說有些地方的信徒流行「牧師牌」,以每一個主日崇拜中,牧師所選讀的啟應文之篇數作為簽賭樂透彩的依據(例如當天若讀啟應文第49篇時,就簽賭49號),這是多麼的可悲!基督徒當克制自己的慾望、脾氣、言語等,品性才會進步,人際關係才會和諧。

詩篇作者又說:「惟喜愛耶和華的律法,晝夜思想,這人便為有福!」(一2)聖經提供我們不再犯錯的

動力。這個動力，就是熟悉並實踐上帝的話語，以上帝的指引、旨意為生活中的喜樂，樂於遵行上帝的話語。

有一位在文壇上被譽為怪傑的張文開先生，是怎麼信主的呢？說來也難以置信。原來他是從一位老友的雜貨店裡偷了一本聖經，而這本聖經就成了他靈性上的啟蒙師傅，終於改變他的一生。當然，我不是鼓勵人作小偷；可是，我卻期望信徒個個都能勤讀聖經，因為「這聖經能使你因信基督耶穌，有得救的智慧。聖經都是上帝所默示的，於教訓、督責、使人歸正、教導人學義都是有益的。」（提後三15-16）人之所以失去勝過誘惑的能力、行善的能力與控制情緒的能力等，大多來自沒有良好的靈修生活。你的每日靈修生活中斷了嗎？從今天開始恢復吧！

詩篇作者又說：「他要像一棵樹栽在溪水旁，按時候結果子，葉子也不枯乾。凡他所做的盡都順利。」（一3）這是表達「心中有上帝話語，且願征服自己缺點之人」的果效。這種人必然像一棵樹，不斷地受滋潤、得供應、茁壯，而能得到有所成長的人生。

有強烈的「成長意願」，是促使自己品性更進步，

人際關係更和諧的祕訣。

※　　　※　　　※

《讀者文摘》曾刊載一則笑話:有一個孩子在神父面前告解,道出了他偷摘樹上的五個水果之事,當神父要求他唸五次天主經作為補贖時,這孩子馬上問神父說:「神父!可否唸十次呢?」

神父極為驚訝地問他:「為什麼?」

孩子說:「因為樹上還有五個水果。」

這故事表明有些認罪是為了「認罪」而認罪,不求新生。試問,我們是否常有這種認罪的形態與本質呢?

耶穌說:「哀慟的人有福了!因為他們必得安慰。」凡真心具有認錯的勇氣、悔改的行動與成長的意願的人,這種人有福了,因為上帝必然使他的品性更進步,人際關係更和諧。

切記!「哀慟」是扭轉「命運」,獲得喜樂、幸福人生所當有的行動。

第 **3** 章

心平氣和

温柔的人有福了！因為他們必承受地土。

——馬太福音五章5節

理直氣和，得理饒人。

——名言佳句

「温柔的人有福了！因為他們必承受地土。」這是主耶穌提示每一個基督徒所當持有的生活態度，和處世原則。「温柔」，是指我們縱然遭受到不公平、不合理和種種難受的事，也不埋怨、不報仇，能心平氣和地面對一切。

與温柔相對的是暴躁，是魔鬼用來攻擊信徒的一大伎倆。一個心平氣和肯得理饒人的温柔者，必然受人敬愛歡迎，暴躁者因心浮氣躁而易惹災致禍。事實上，温柔絕不是懦弱，正如暴躁並非勇敢，此乃極明顯的道理。

温柔的人必「承受地土」這句話，有其舊約的背景，因為上帝曾經應許亞伯拉罕，其子孫要承受迦南的地土為基業（創十五6-7，廿六3，廿八4、13）。耶穌借

用這句話的意思指出，信徒在新約的恩典之下，要承受天上的基業（彼前一3-4）。這「基業」包括今生及來生的一切福氣（弗一3）。溫柔的人有福了，因為他必「承受地土」，其簡單的解釋，就地上來說，溫柔者得人和，到任何地方都必然暢行無阻；就天國而說，他必有永生，自然天上人間都有居處。古人說：「和氣生財，和氣致祥」、「柔能克剛」，就是這個道理。反之，一個性情暴躁者必然到處受排斥而不受歡迎；世界縱然再大，對他而言也必無容身之處。因此，如果你想建立成功的人生，你想擁有溫馨甜蜜的家庭，「溫柔」是所當培養的美德。

「溫柔」最簡單的詮釋，就是心平氣和、得理饒人的生活態度。而人之所以能活出這種品性，有三個因素：第一，肯信任上帝；第二，肯控制自我；第三，肯體諒他人。肯培養溫柔品性的人不但不會吃虧，反而真正擁有喜樂、幸福的人生。

肯信任上帝

人之所以能活出「溫柔」的品性，第一個原因，是

他對上帝有絕對的信任。「溫柔」的人就是指肯平靜順從上帝旨意的人，他不抱怨、不爭辯，更不反對上帝的旨意，乃是以上帝的安排為上好的福分。更具體地說，「溫柔」的人即使受到不公平、不合理和種種難受的事，也不懷恨或存報復之心，因為他們知道他人所施加給他們的侮辱和傷害，是上帝所准許的機會，為要造就他的品性，潔淨他的行為。因此，他對惡人也能由衷樂意寬容（絕不是出於涵養性的強忍壓抑），能以柔和的話回答忿怒的言語，也能以溫和的態度回應他人魯莽的行為（箴十五1；傳十4）。這種人不輕易被人激怒以致於失態，更願意饒恕得罪他的人。

人若信任上帝具有扭轉環境的大能，深信上帝能使「萬事都互相效力，叫愛上帝的人得益處」（羅八28）的道理，就連世人所謂遇見以為是「倒楣」的事件，基督徒卻因深信上帝有扭轉乾坤的大能，反而視其為上帝賜福的起點。因此，基督徒在任何環境中不但不會頹喪，反而是歡歡喜喜地忍耐，絕沒有「我好倒楣」這樣的怨語。

聖經中描述約瑟的哥哥們擔心父親過世之後，約瑟是否會懷恨、報仇，因而請求約瑟的寬恕。而約瑟之所

以能心平氣和，溫柔地對待那毀謗他、出賣他的兄長們，從他的回答可以看出原因是來自他對上帝的信任，他說：「從前你們的意思是要害我，但上帝的意思原是好的，要保全許多人的性命，成就今日的光景。」（創五十20）這正應驗了諺語所說的：「謀事在人，成事在天！」如果我們都明白這一個道理，信任上帝的安排，那麼對那些毀謗你、出賣你的人，你必然會心平氣和、處之泰然的寬恕他們了，因為「人的意思」縱然是邪惡的，但終必成就「上帝的意思」，使信徒獲益得福。

如果你走進電氣行，稍注意櫃裡陳列的許多美麗、七彩的裝飾燈泡。它們的確是燈泡，但為什麼不像已經裝起來的那些燈泡一樣，能發出光輝呢？原因是：這個燈泡並未與電能的源頭聯繫在一起。同樣，當你遭受意外的打擊時，如果不能心平氣和地面對，是因為你未接上真理的電源。主耶穌說：「離了我，你們就不能做甚麼。」（約十五5）因此，多讀聖經及好的屬靈書籍，常祈求聖靈的幫助，你必能「擁有」且「發揮」溫柔的品性的能力。

肯「信任上帝」，必然啟發你能「心平氣和」地活
出溫柔的美德。

肯控制自我

人之所以能活出「溫柔」的品性，第二個原因是來
自他的自我控制力。有人將「溫柔的人有福了」翻譯為
「對自我有完全控制力的人有福了」。在任何情況下皆
能控制自己情緒的人，就是溫柔的人。溫柔的人是指因
為信任上帝的作為，領悟實踐真理的價值，而能、也肯
控制自己的情緒、行為及言語的人。

我們極容易受到外界的影響，尤其是怒氣。如何掌
管自己的怒氣是極為重要的功課，有人說：「憤怒的人
沒有自己。」也就是說憤怒的人會失去理性，而說出
不當說的話，表現出不當有的行為。一個能控制自己
的人，才能成為溫柔的人。這是我們一生都當培養的
美德。

亞里斯多德曾對溫柔下了一個定義，認為它是在過
度的發怒與少發怒之間的折衷途徑，因此，有的解經書

籍將這一節經文譯為：「凡在適當的時候發怒，在不適
當的時候不發怒的人有福了。」

　　那麼，何時是適當的時候，何時為不適當的時候？
最簡單的來說，凡為個人的受辱或受害而發怒，永遠是
不當的；可是為了他人的受害而發怒，卻是適當的。自
私的發怒總是罪惡；不自私的發怒，能夠成為世上的道
德力。總之，如何在發怒時顯明你的溫柔，這是我們當
有的自我期許。

　　另外，聖經也提醒我們，「舌頭」在百體中雖然最
小，但卻是最難控制的，是最容易闖禍的肢體。俗語
說：「禍從口出。」孔子說：「敏於事而慎於言。」
（《論語》學而第十四）雅各說：「你們各人要快快地
聽，慢慢地說，慢慢地動怒。」（雅一19）「若有人在
話語上沒有過失，他就是完全人，也能勒住自己的全
身。」（雅三2）如果我們能控制自己的舌頭，就能成為
溫柔的人。

　　基督徒不但要控制自己的怒氣、言語，更要學習不
讓人操縱自己的情緒。

　　曾在《讀者文摘》讀到一則名人軼事，提到英國有位著名的大文豪，有一天向街邊的小販買書報，那小販以極為惡劣的態度對待他，但他卻仍謙恭地向他致謝。隨從看不過去，便對他說：「以你如此尊貴的身分和地位，何必對他那麼客氣？何況他又對你那麼無禮。」

　　大文豪心平氣和地說：「他表現無禮，是他的不對，我仍應保持自己一貫的禮節啊！」

　　別人有失為人風度，是他的過錯；你還是你，自己守得住原則，你何必因此沮喪呢？我們當守住自己待人處世的態度，控制自我不被人激怒，這是我們當努力培養的原則。

　　每一個天性，每一個衝勁，每一個慾望都在控制之下的人有福了，因為他必處處受人歡迎，擁有良好的人際關係，更有溫暖的家庭。

　　肯「控制自我」，必使你能「心平氣和」地活出溫柔之美德。

肯體諒他人

人之所以能活出「溫柔」的品性,第三個原因是來自肯體諒他人。事實上,「溫柔」含有極深的寬恕意義。許多人之所以會覺得孤單、寂寞,是因為他的心被仇恨所充滿。倘若你想在家庭有更和諧的生活,自己有更光明的前途,那麼溫柔中的體諒就是你所要遵守的。

一個具有體諒之美德的人,常常會替別人著想,尤其在對方有過錯時,都能以溫柔的心來規勸之。保羅說:「若有人偶然被過犯所勝,你們屬靈的人就當用溫柔的心把他挽回過來。」(加六1)我們的經驗是當看到一個人偶然被過犯所勝的時候,很容易用公義的心(非溫柔體諒的心)來批評,甚至藐視他,並將他列入我們的拒絕往來戶。這不是溫柔的作法。一個有溫柔心腸的人,他會想到別人的困難、別人的立場、別人的處境,如此縱然有所責備,也必是滿有仁慈的話語。我們會用溫柔的心挽回跌倒的家人嗎?這是我們都當建立的生活態度。

一個肯體諒他人的人,必然也會常常寬恕得罪他的

人。其實聖經中所教導的寬恕，是具有化敵為友的積極意義。

曾有林肯總統的黨內同志批評他對待政敵的態度：「你應該想辦法去打擊、消滅敵人，而不是去為他辯護。」

林肯溫和地答道：「當我化敵為友時，我豈不就是消滅敵人了嗎？」

人們總是喜歡以牙還牙，以眼還眼。如此行除了使彼此的關係更為惡化之外，並無任何成就可言。林肯總統氣度寬宏大量，以德報怨，以禮相待，這就是耶穌基督的愛人精神，是我們所當效法的。

俗語說：「人善人欺天不欺，人惡人怕天不怕。」以寬恕待人絕不會是吃虧的。我曾讀過一篇文章，是談到前總統李登輝先生的故事。李登輝總統常帶著一張字條，上面寫著一句日本諺語：「風吹柳動，未見柳折。」字條是總統夫人送他的，希望他遇見困難時，能保持溫柔與心平氣和。由於李前總統的個性及講話都很直率，因此夫人特別貼心地提醒他。

經驗會告訴你，溫柔待人縱然眼前吃虧，但終必能贏得人的尊重與上帝的賜福，人際關係必然更和諧，家庭必然更溫暖。

肯「體諒他人」，必幫助你能「心平氣和」地活出溫柔的美德。

　　　　※　　　　※　　　　※

每一個人都期待社會能變得更和諧，家庭能變得更溫暖，但是卻忽略了首先當改變的，是你自己的思想與言行。如果你的行為、言談、動機，改變得更為溫柔，則社會必然會更和諧，你的家必然會更溫暖。

耶穌說：「溫柔的人有福了！因為他們必承受地土。」如果你肯「信任上帝」，你肯「自我控制」，你肯「體諒他人」，必能活出溫柔的品性。

切記！「溫柔」——心平氣和、得理饒人的生活態度，是扭轉你的「命運」，獲得喜樂、幸福人生所當培養的美德。

第 **4** 章

光明磊落

飢渴慕義的人有福了！因為他們必得飽足。

——馬太福音五章6節

生，亦我所欲也，義，亦我所欲也；二者不可得兼，舍生而取義者也。

——孟子

　　主耶穌說：「飢渴慕義的人有福了！因為他們必得飽足。」這句話的意義正如現代中文譯本修訂版聖經所譯的：「渴望實行上帝旨意的人多麼有福啊；上帝要充分地滿足他們！」主耶穌提示基督徒當以「實行上帝旨意」作為行事為人的最高準則，以「實行上帝的旨意」來培養自己能有「光明磊落」的品性。聖經應許這種人必然得福，因為上帝「未嘗留下一樣好處不給那些行動正直的人」（詩八四11）。在日常生活中實行上帝的旨意，是每一位基督徒所當努力的目標，也是在作一切抉擇時，所當持定的依據。

　　或許你以為行事為人只要對得起自己的良心就夠了，何必以上帝的旨意為依歸呢？讓我用一個故事來回答。

有兩個強盜彼此見面，一位自誇說：「今天我做了一件善事。」

另一位問說：「什麼善事？」

他心安理得的答說：「我遇見一個身懷現鈔一萬元的人，我很有良心，只搶他七千元，打他兩個耳光隨即放他走，你看我未將他的鈔票全部搶走，還留下三千元給他，又僅打兩個耳光，沒將他殺死，我豈非做了一件善事？」

這算是有良心嗎？這也算是做善事嗎？怪不得箴言感慨地說：「惡人的憐憫也是殘忍。」（十二10）人因墮落日深，良心不夠標準，自以為良心很好，但若比高尚的人就差遠了；若照上帝的標準，就差得更遠了。耶穌基督的信徒應當以是否合乎「上帝的旨意」，來作為判斷和抉擇善惡的標準。

基督徒當如何判斷自己的行為是否合乎「上帝的旨意」呢？該依據什麼才能培養自己具有光明磊落的品性呢？那就是：（一）要有純正的動機，（二）要有正確的行為，（三）要有崇高的目標。一個因實行上帝旨意

能有所為、有所不為，在品性上光明磊落的人，才是真正喜樂、蒙福的人。

純正的動機

「這件事我可以做嗎？」你是根據什麼作判斷呢？首先應該自問：「我的動機是純正的嗎？」動機是促使你決定做某件事的因素。

雅各責備有些人不斷地為某些事向上帝祈求，可是卻得不著，因為他們向上帝妄求，目的是想耗費在他們的宴樂、私慾上（雅四3）。例如，你想買一部賓士車，是否因為它的確是部性能優良的汽車，你又有足夠的金錢可以買下，而你的事業實在需要有一部這樣的車子？或者你是想在人們面前誇耀，使別人用羨慕的眼光來看你呢？你是否為了名聲而買這部車子？你是否想和人比美？

聖經上說：「就像肉體的情慾、眼目的情慾，並今生的驕傲，都不是從父來的，乃是從世界來的。」（約壹二16）聖經提醒我們，務必謹防這種錯誤的動機。古

人說：「人之念慮不正者有二：有妄念，有惡念。如思慮不可必得之事，妄念也；思慮悖理違道之事，惡念也⋯⋯。」我們的動機是出於妄念、惡念，或善念？這是我們所當自省的問題。事實上，我們可以如此說：損人利己的事，一定不是上帝的旨意。例如，你祈求上帝賜下晴天的日子，好到郊外走一走，但你可否想到農夫正需要雨水滋潤田地呢？

第一，貪圖虛榮的事，一定不是上帝的旨意。

例如：出國留學前當仔細分辨你進修的動機，獲得某種學位若只是為了滿足自己的虛榮心，這樣的動機並不屬神；但充實自己以能更被上帝使用，更能貢獻社會、益於人群，這是值得鼓勵的。當切記！要檢驗你自己的動機，而不是別人的動機。

第二，以欺詐手段獲益的事，一定不是上帝的旨意。

如果儒家中的君子尚且能具有「生，亦我所欲也，義，亦我所欲也；二者不可得兼，舍生而取義者也」的抉擇準則，那麼作為基督徒的我們，就更當實踐「捨己」的道理了。保羅「攻克己身」的經歷，提醒我們當

靠著聖靈來戰勝心中的妄念和惡念，以成為光明磊落的人。（參林前九27）

當你想做某一件事或參與某一項活動時，理當衡量你的動機。瞭解隱藏在自己行為背後的真正原因，必能有助於你制止不對或不適當的動機。

合乎上帝旨意，使自己做得更對的首要條件是：要有純正的動機。

我有「純正的動機」嗎？有這種反省與更正，必幫助你成為光明磊落的人。

正確的行為

「這件事我可以做嗎？」你是根據什麼作判斷呢？除了自問「我的動機純正嗎？」之外，更要自問：「這樣做對我有益嗎？對別人有所造就嗎？是利於己，亦能有益於人嗎？」

有一則寓言故事說，一群游手好閒之徒聚集在一起賣弄各自的本領。其中一位說：「我可以金雞獨立、單

腳站立一個小時，無人能像我這樣。」

　　同伴冷冷地回道：「的確無人能像你這樣，但是雞鴨就能。」

　　身為人，卻費心去學雞鴨的技藝，學得最像又如何？凡基督徒都必須自問，所做、所求、所學、所得，對你的生命有多少的幫助？賺更多的錢財、讀更多的學位，或是得更高的地位，這些當然很好，但是這些成就會使自己因此更親近上帝、更愛人嗎？

　　在此，可引用耶穌的一句話：「人若賺得全世界，賠上自己的生命（賠上服事上帝的機會，賠上自己的人格，甚至賠上永恆的生命）有甚麼益處呢？人還能拿甚麼換生命呢？」（太十六26）更何況人不可能賺得全世界。務要衡量價值，才來判斷「對」或「不對」。

　　保羅說：「凡事都可行，但不都有益處。凡事都可行，但不都造就人。」（林前十23）當我們參與任何活動之前，應該考慮我們所行會產生什麼後果。

　　第一，對自己的影響：你的決定對自己有益嗎？從身體方面而言，有益於健康，抑或有害於健康？比身體

更重要的是,能使你的人格更成熟嗎?從屬靈生命的影響而言,會加深或減弱自己和上帝的關係嗎?

第二,對他人的影響:對別人有益處嗎?參加這種活動對別人和我在別人心中的影響力,會產生什麼結果?我的行為會不會成為別人的絆腳石?我這樣做,會使我較易或較難向未信主的朋友為主作見證嗎?

當你想做某一件事或參與某一項活動時,理當衡量你的行為,去瞭解自己行為的後果及影響,必有助於你制止不對或不適當的行為。

合乎上帝旨意,使自己做得更對的第二個條件是:要有正確的行為 —— 我這樣行,既能利己且要能有益於人。

我有「正確的行為」嗎?有這種反省與更正,必有助你成為光明磊落的人。

崇高的目標

「這件事我可以做嗎?」你是根據什麼作判斷呢?除了對人、對己有益之外,更要再自問:「我這樣做能

榮耀上帝嗎？」

保羅說：「無論做甚麼，都要為榮耀上帝而行。」（林前十31）意思是說我們每做一件事，應當能無愧於我們的上帝。當我們參與任何活動之前，應當考慮我這麼行會有什麼後果？

- 我參與此一活動能榮耀主的聖名嗎？（最簡單的意思是自問：我這樣做，會丟上帝的臉嗎？）

- 我這樣做，會使福音事工受影響嗎？

報章雜誌及傳播媒體有段期間經常報導「基督徒」的滋擾事件，使外界對基督教產生了極大的誤會，面對世人的批評及困惑，或許有人要問：那些正統的教會為什麼沒有多作解釋與澄清呢？

其實，聖經中早已有所說明了。主耶穌說：「你們要防備假先知……憑著他們的果子就可以認出他們來。」（太七15、20）憑著什麼果子？他們是否說謊話、說毀謗的話？以聖靈所結的果子（仁愛、喜樂、和平、忍耐、恩慈、良善、信實、溫柔、節制）來衡量，即可知道他們是否屬基督。他們所行的是榮耀上帝，或

是羞辱上帝？基督徒也是好公民，當然也可以向政府提供諍言，但卻當以能榮耀上帝的方式去表達。（要有對的動機、對的內容，更要有正確而榮耀上帝的表達方式。）

在某監獄的一間牢房裡關著五名犯人。有位犯人看了一本雜誌，感嘆地說：「要是我母親有這麼一棟房子就好了。」

另一位說：「要是我母親有這麼一輛車子，就可以常來看我了。」

雜誌傳到最後一位犯人，他拿著雜誌，眼淚立刻掉下來，說：「我巴不得我的母親有個好兒子就好了。」大家聽了，都沉默無言。想必我們都會同意最後這個人的想法。

然而，面對著我們的天父，我們是否也會以為「如果我們有一座更莊嚴的教堂」，「如果我們有更好的設備」，「如果……」一定能榮耀上帝。但上帝更需要的卻是：「我們都能成為好的子民」，這才是榮耀祂。上帝看信徒在品德上榮耀上帝，比獻上祭物更為重要。先

知彌迦說，上帝「向你所要的是甚麼呢？（當然不是祭物！）只要你行公義，好憐憫，存謙卑的心，與你的上帝同行。」（彌六8）這是我們所當明白的真理。

當你想做某一件事或參與某一項活動時，理當衡量你的行為。瞭解自己行為的後果及影響，這樣做必有助於制止不對或不適當的行為。

合乎上帝的旨意，使自己做得更對的第三個條件是：要有崇高的目標。

我這樣行能榮耀上帝嗎？帶著這種「崇高目標」去反省與更正，就能幫助你成為光明磊落的人。

主耶穌說：「渴望實行上帝旨意的人多麼有福啊；上帝要充分地滿足他們！」你想實行上帝的旨意，作個光明磊落的人嗎？切記：當你想做某一件事或參與某一種活動時，要有純正的動機、正確的行為，與崇高的目標。

「實行上帝的旨意」，使自己擁有「光明磊落」的品性，是扭轉你的「命運」，獲得喜樂、蒙福的人生所當存有之生活態度。

第 **5** 章

愛人如己

憐恤人的人有福了！因為他們必蒙憐恤。

——馬太福音五章節

有些人常感到寂寞，是因為他們不去修橋，反而到處築牆。

——愛默生

有位國王非常喜愛一隻珍鳥，每天總是逗著牠玩。有一天，他的家臣在餵食時，不小心讓這隻鳥飛走了，家臣不知所措而惶恐地上奏請罰。國王聽完後，大笑著說：「這個天下終是我的天下，這隻鳥就算從籠子裡飛出去再遠，終歸要在我的天下為我鳴叫，有什麼不妥？」國王沒有責備他的家臣，但也因此獲得了百姓更多的愛戴。

一個人如果認定籠子裡面的世界才是他的世界，那麼他的心胸未免太狹窄了。基督徒應該藉著真理，擴大自己的心胸，懂得愛人如己，愛所接觸的人。人若心中充滿愛，必然獲得真正的平安和幸福。

主耶穌說：「憐恤人的人有福了！因為他們必蒙憐

恤。」「憐恤人」是基督徒所應具有的特性。現代中文譯本修訂版聖經將「憐恤人」，譯為「仁慈待人的人」，表示縱然自己處在較優越的地位，卻能對位階不如自己的人的遭遇給予同情和援助，對比自己力量薄弱的人，常存體諒、寬恕和愛心。

「憐恤人的必蒙憐恤」，這是指上帝必記念我們對別人所做的一切仁慈。祂也必然在我們有需要時，以仁慈對待我們。

「憐恤人」最簡單的解釋，就是「愛人如己」。以愛自己的心，推而愛人，「我要人怎樣待我，我就要怎樣待人」。

上帝所喜悅的，不只是信徒肯讀經、唱詩、禁食、禱告，更是要信徒真能實踐「愛人如己」的道理，在物質上、言語上、思想上均愛人如己，如此我們才能無愧地說：「我是基督徒！」

在物質上「愛人如己」

「憐恤人的人有福了！因為他們必蒙憐恤。」「憐

恤」的原文意思就是對於別人的患難、災害和痛苦，予以同情和憐憫。但它不只是一種內心的情緒而已，還要有實際的行為。有了憐恤人的心，接著就要有幫助人脫離困境的願望和隨時行動的準備。

不生行動的憐恤、不從事減輕人痛苦的憐恤，在上帝的眼中，都毫無價值、也毫無意義。雅各說：「若是弟兄或是姊妹，赤身露體，又缺了日用的飲食；你們中間有人對他們說：『平平安安地去吧！願你們穿得暖，吃得飽』，卻不給他們身體所需用的，這有甚麼益處呢？」（雅二15-16）使徒約翰也說：「凡有世上財物的，看見弟兄窮乏，卻塞住憐恤的心，愛上帝的心怎能存在他裡面呢？……我們相愛，不要只在言語和舌頭上，總要在行為和誠實上。」（約壹三17-18）同情人的困苦遭遇固然可貴，但能有實際行動則更為重要。

曾經有個孩子提了一袋雞蛋，卻不小心摔倒，蛋全破了。人群中個個皆同情他的情況和遭遇且為他嘆息，但卻無一人有具體的幫助。五分鐘後，有人說：「小弟弟！不要哭了，我給你五元。」結果大家一起響應，一下子錢就湊齊了。可見雖然「憐恤」含有強烈的情感，

但卻不止於情感，也應有「憐恤」的行動。基督徒當以具體犧牲的愛人行動，來表示對上帝的感謝與尊敬。事實上，「憐憫窮乏的，乃是尊敬主」的表現（箴十四31）。

「有些人常感到寂寞，是因為他們不去修橋，反而到處築牆。」你想活得更喜樂嗎？你當學習在物質上幫助有需要的人。

有人說，當你口渴時，第一、二杯水是最有價值的，它有助於你恢復體力；第三杯水的價值較低，可有可無，喝了肚子會脹一點，不喝也沒什麼關係；第四杯水就毫無價值了，因為你自己沒有需要，勉強喝也沒有益處。為什麼不用第三、第四杯水去幫助別人，去榮耀上帝呢？

聖經上說：「憐憫貧窮的，就是借給耶和華；他的善行，耶和華必償還。」（箴十九17）「善人給子孫遺留產業。」（箴十三22）由此可見，行善的人必蒙上帝大大地賜福，在他的善行上必得報答。其實行善最大的報賞，就是行善者得到滿足。誠如箴言所說：「善人必從自己的行為得以知足。」（箴十四14）古人說的「為

善最樂」，就是這個道理。

上帝所喜悅的，不只是信徒肯讀經、唱詩、禁食、禱告，更是要信徒在日常生活中實踐「愛人如己」的道理，主動在物質上幫助有需要的人，如此我們才能無愧地說：「我是基督徒！」

在言語上「愛人如己」

「憐恤人的人有福了！因為他們必蒙憐恤。」基督徒除了在物質上，也應在言語上學習愛人、憐恤人，並常說鼓勵、造就人的好話。縱或責備，在話語上仍含有無限的愛心。

當你犯錯時，總是期待別人能用仁慈的態度與話語來包容你、勸勉你；當別人犯錯時，我們是否也以此「愛人如己」的原則來對待人呢？在猶大書中有一段話，「天使長米迦勒為摩西的屍首與魔鬼爭辯的時候，尚且不敢用毀謗的話罪責他，只說：『主責備你吧！』」（9節）天使尚且如此，何況弟兄姊妹彼此的相處呢？我們的言語要和氣，要像鹽來調和眾人。

我們很少注意到話語的影響力。事實上，我們的言語往往能把人推入地獄，或把人引進天堂。我們可以說一些嫉妒、尖刻的話，而使人受到污蔑和傷害；在這個說話的過程中，我們把自己連同別人一起推入死亡裡；但另一方面，我們可以說一些真誠、感謝、愉悅的話，而使人得著鼓舞、安慰並得以重建。在這個說話的過程中，我們乃是把自己連同別人一同帶入生命中，因此我們當謹慎我們的言語。

主耶穌提醒我們：「你們不要論斷人，免得你們被論斷。……為甚麼看見你弟兄眼中有刺，卻不想自己眼中有樑木呢？」（太七1、3）好批評、好論斷，可以說是人性的弱點，基督徒當該依靠上帝以勝過這個弱點。

有家電器行的老闆接到張公館的電話，提起他家門口的電鈴損壞，要求派人前往修理。老闆隨即吩咐工人前往修理。豈知十分鐘後，工人回來且極不高興地說：「張家的人太不守信用了，要我們去修理電鈴，卻沒有一個人在家。」

老闆很驚訝地問說：「你怎麼知道沒有人在家呢？」

工人理直氣壯地回答說：「我按了好幾次電鈴，結果都沒有人來開門。你說，氣不氣人？！」

我們在批評或責備別人時，常常是出於自己的無知。例如晚間觀賞電視益智節目時，看到參加者答不出簡單的題目，有些人就會在電視機前大叫：「噯呀！這麼簡單還不會，真笨！」而有些人在看球賽時，如果一方在緊要關頭稍有疏忽，責備聲必此起彼落，恨不得自己上場，可是真讓他上陣，未必有更優異的表現。聖經不但提醒我們不可隨便論斷人，也提示不再論斷人的祕訣：「只要存心謙卑，各人看別人比自己強。」（腓二3）

上帝不只是喜悅信徒肯讀經、唱詩、禁食、禱告，更是要信徒在日常生活中，能實踐「愛人如己」的道理。在發現別人有錯誤時，能有當面的勸勉而非背後的論斷，有愛心的鼓勵而非嚴厲的責備，有恆久的代禱而非不停的渲染。如此，我們才能無愧地說：「我是基督徒！」

在思想上「愛人如己」

「憐恤人的人有福了！因為他們必蒙憐恤。」聖經中充滿了這種「愛人如己」的提醒與警戒，是新約聖經中貫徹始終的一個原則。新約中常提醒我們凡想蒙赦免的，就必須先赦免人的道理。正如雅各所說：「因為那不憐憫人的，也要受無憐憫的審判。」（雅二13）

主耶穌為了強調主禱文中「免我們的債，如同我們免了人的債」的原則，他又引申說：「你們饒恕人的過犯，你們的天父也必饒恕你們的過犯；你們不饒恕人的過犯，你們的天父也必不饒恕你們的過犯。」（太六12、14-15）新約聖經中，一直不斷地要求信徒要實踐這種「愛人如己」的道理。

「愛人如己」的積極意義乃提醒我們，要在思想上體諒別人，欣賞別人，為別人設身處地設想；更願誠心地原諒得罪我的人，絕不牢記他人的缺點，以致忽視對方的優點。若你只記得別人的缺點而忽視對方的優點，恐怕你已失去愛心而不自覺了。

有一篇以「愛是什麼？」為題的文章，用最簡練的

詞彙如此說：

> 愛是——在情緒激動時，保持緘默；在弟兄無
> 禮時，忍耐包容；在是非流行時，裝聾作啞；
> 在他人困扼時，衷心關懷；在重責臨到時，立
> 刻承擔；在逆境來臨時，勇敢忍受。

緘默、忍耐、包容、關懷等，正是愛人如己的具體
表現。

某教會的一位極為虔誠的老執事，被他一個對頭的
持久惡意所激怒，以致這位執事當著眾人面前，發誓要
「殺了他」。

這位執事的對頭知道了這件事以後，就抱著譏笑的
態度等待著，看這位善良的信徒能把他怎樣。

事實上，這位老執事並不以惡報惡，卻是儘量把握
每一個可能的機會，來善待或幫助他的對頭。這事的初
期發展被大家當作笑談的資料，令當事人感到些微不
安。但最後一次，這位老執事竟然冒著生命的危險，從
大水中拯救了他對頭的太太不致淹死，這為他的對頭毫

無疑問地作了一個偉大的服務。這時,他們兩人中間的僵局就完全給打破了。

他那個多年的對頭來向他說:「好了,你已經做到你要做的事,你已經把我殺了,至少你已經把那從前的我殺了。現在,我能替你做點什麼嗎?」

這個世界所需要的,不是更多的基督教義,而是更多肯實行基督的寬容和饒恕教訓的基督徒。

上帝不只是喜悅信徒讀經、唱詩、禁食、禱告,更是要信徒在日常生活中,能實踐「愛人如己」的道理,願由衷地體諒並寬恕得罪自己的人,如此我們才能無愧地說:「我是基督徒!」

※　　　※　　　※

有一個孩子和朋友吵架後,跑到山谷大叫:「我恨你!我恨你!」以發洩心中的怒氣。話聲剛落,山谷裡傳出「我恨你!我恨你!」的回響,久久不絕。孩子沮喪地回到家裡,向母親哭訴:「為什麼世界上有那麼多人恨我?」母親問明原委,於是牽著孩子的手到依舊寧靜的山谷,教他:「現在,你對山谷說:我愛你!」孩

子照母親的話去做，立刻從四面八方傳來「我愛你！」的回聲。那一刻，孩子欣然覺得「世界上所有的人都愛我了」。人與人相處，也像山谷的回音一樣，必須付出愛才能得到愛，以恨對恨只能加深恨意。我們常會因為別人做某些事而積恨在心，甚至恨他一輩子，這除了傷身體及傷感情之外，於事並無補。試著以愛心去原諒別人，多挖掘他可愛的一面，你會發現世界上實在沒有值得你恨一輩子的人。

主耶穌說：「憐恤人的人有福了！因為他們必蒙憐恤。」基督徒要自我期許，願在物質上、言語上、思想上，皆能實踐愛人如己的生活原則。

切記！「愛人如己」的生活態度，是扭轉你的命運，獲得喜樂、幸福人生的祕訣。

活 出 天 國 八 福

第**6**章

心存善念

清心的人有福了！因為他們必得見上帝。

——馬太福音五章8節

人之存心忠厚者，必立言忠厚。立言忠厚者，
必作事忠厚。身必享忠厚之福，子孫必食忠厚
之報。

——魏環溪《訓俗遺規》

我很喜歡一則有關達文西的故事。

根據傳說，有一群少年去拜訪這位知名藝術家，其中一個孩子不小心打翻了一堆畫布，竟令這位畫家十分惱火，因為他工作時極端敏感、極端沉靜。他十分生氣，對這闖禍的孩子劈頭一頓惡言，把這孩子罵得哭泣而逃。

畫室又回復了安靜，畫家試著繼續工作。他嘗試畫基督的臉，但總是畫不出。他的創造力枯竭了。

達文西於是放下畫筆走出畫室，到街上、山谷到處尋找這位小男孩，找到後便對他說：「孩子，對不起，

我不該對你說那麼難聽的話。請你原諒我,就像基督原諒人一般。我比你更壞,你只打翻了畫布我就如此生氣,因而阻斷了上帝流入我的生命。你肯不肯和我一起回去呢?」

他把小男孩帶回畫室,耶穌的臉在大師的筆下於是自然地形成,他們兩人相視而笑。達文西所畫的這張耶穌的畫像,鼓舞了成千上萬的人。這則故事啟發了我們應該常常清除心中的憤怒、嫉妒、憂慮、怨恨,並清除心中的惡念、妄念、雜念等,免得它阻礙了你和上帝的關係。

耶穌說:「清心的人有福了!因為他們必得見上帝。」我們是「清心」的人嗎?。

「清心的人有福了!」「清心」這兩個字,現代中文譯本修訂版聖經譯為「心地純潔」,解經書籍有譯為「動機純正」。然而,「清心的人」最積極的解釋就是「心存善念」。

古人說:「人之存心忠厚者,必立言忠厚。立言忠厚者,必作事忠厚。身必享忠厚之福,子孫必食忠厚之

報。」（魏環溪《訓俗遺規》）這段話更加印證一個「心存善念」的人，必然能獲得上帝的賜福。基督徒應該藉著每日的靈修生活，洗滌自己的良心，使我們的良心不致被私慾所蒙蔽。「心存善念」，是我們待人處世所當持守的基本原則。

「心存善念」的意願

「清心的人有福了！」「清心」是指為人心地純潔真實，沒有詭詐虛偽的動機。保羅說：「我因此自己勉勵，對上帝對人，常存無虧的良心。」（徒廿四16）這「無虧的良心」，正是「清心」之意義的再引申、再解釋。對上帝、對人常存無虧的良心，是每位信徒該有的自我期許與自勉。

我們的心臟實際上是身上一切肢體的生命供應源頭，心臟停止工作，人就死亡。在屬靈的事上也是如此。聖經上說：「善人從他心裏所存的善就發出善來；惡人從他心裏所存的惡就發出惡來。」（路六45）

古人說：「心為人一身之主，如樹之根，如果之蒂，最不可先壞了心。心裡若是有天理，存公道，則行

出來便都是好事，便是君子這邊的人。心裡若存的是人欲，是私意，雖欲行好事，也有始無終，雖欲外面做好人，也會被人看破你。如根朽則樹枯，蒂壞則果落，故要你們休把心壞了。」（楊繼盛《諭子書》）

成為君子、成為好基督徒的祕訣就是「棄人欲」和「棄私意」，更重要的是「心存天理」和「心存公道」。這正如詩人所說：「我將你（上帝）的話藏在心裡（心存天理和心存公道），免得我得罪你。」一個有智慧的信徒會用上帝的話來除去心中的驕傲、嫉妒、怒氣、貪心、膽怯，使自己能有一顆潔淨自己的良心。

基督徒不但要「心存善念」，更要有順從「善念」的意願。保羅所述在人心中善惡二律之交戰掙扎，提醒了我們：成功抑或失敗的人生，乃在於是否肯讓「善念」充分地發揮出來而決定之。在我們面對一切抉擇時，是順應情慾之催逼，或跟隨心中真理的指引呢？

元朝的知名學者許衡在一次兵荒馬亂中逃到洛陽，幾天下來都沒有東西吃，連一滴水也喝不到。走著走著，路旁恰巧有一棵梨樹，眾人馬上爭先恐後去取食，只有許衡在樹下正襟危坐。旁人不解，問他：「吃了

這梨子，既療飢又解渴，你為何不吃呢？」許衡說：
「這梨子是別人種的，是有主之物，怎麼可以隨便摘食
呢？」眾人大笑紛紛說：「現在大家都在逃難，連梨
子的主人也不知早就逃到哪裡去了，何必在意什麼主人
呢？」許衡正色道：「梨子的主人不在，難道說連我們
內心的主人也不在了嗎？」

　　心是我們自己行為的真正主人，但這主人常常會有
虧職守，竟會順從外在的誘惑，以致無法駕馭自己，做
出許多悔不當初的事。其實在做之前，良心也會警告你
自己，基督徒要格外的小心，不要讓外來的誘惑聲浪淹
沒了良心的自我警告。

　　基督徒當有「心存善念」的意願，對人、對上帝，
都當常存「無虧的良心」。

「心存善念」的方法

　　「清心的人有福了！」我們不禁會問：我們當如何
行才能成為「清心」的人？如何行才能心存善念？應該
如何行才能對上帝、對人常存「無虧的良心」呢？

首先，必須要藉著禱告，祈求上帝的幫助。

聖經提到當大衛為所犯之罪而懺悔時，他向上帝禱告說：「上帝啊，求你為我造清潔的心，使我裡面重新有正直的靈……不要從我收回你的聖靈。」（詩五一10-11）聖靈是保持我們良心能以純潔的動力。「正直」的靈，原來含有「堅定」之意，是禁得起任何考驗，也不動心。基督徒應求上帝賜堅強的意志與聖靈的保守和支持，而能持有清潔的良心。

保持良心純潔的第二個祕訣，就是常作自我反省的工夫。

明代知名的哲學家王陽明先生說：「見人之為善，我必愛之；我能為善，人豈有不愛我者乎？見人之為不善，我必惡之；我苟為不善，人豈有不惡我者乎？故凶人之為不善，至於隕身亡家而不悟者，由其不能自反也。」

忙得無法花時間作自我反省，是我們會在試探中跌倒的主要原因。大衛曾虔敬地禱告說：「上帝啊！求你鑒察我，知道我的心思，試煉我，知道我的意念，看在

我裏面有甚麼惡行沒有，引導我走永生的道路。」（詩一三九23-24）古人也曾說：「或獨坐時，或夜深時，念頭一起，則自思曰：『這是好念？是惡念？』若是好念，便擴充起來，必見之行；若是惡念，便禁止勿思。方行一事，則思之，以為『此事合天理不合天理？』若是合天理，便行；若是不合天理，便止而勿行。不可為分毫違心害理之事。」（楊繼盛《諭子書》）在上帝面前常作這種自我反省，必能使自己的良心更純潔。

保持良心純潔的第三個祕訣，是我們必須與上帝開始每一天。

有一篇以〈與上帝開始每一天〉為題的文章，作者在其中所提的見證，不但使我深受感動，也激發我願效法的意願。作者如此說：

> 我記得小時候，每天早晨祖父一面做早點，一面唱讚美詩而把我給「喚醒」了。在這之前，祖父已經作完靈修禱告，因此他的心充滿了喜樂。雖然祖父已經謝世多年，這個印象始終一如昨日。

　　我們肯親近上帝來開始每一天嗎？曾有篇問卷調查，詢及在每天醒來，首先想到的是什麼事？有人說首先想到自己的工作，有的人是回想前一天所發生的事，有的想到患病中的家人，幾乎是關懷日常的生活和一些事件，只有少之又少的人說他們清晨醒來，會先想到上帝。

　　弟兄姊妹們，與上帝開始每一天吧！這不是一種責任，而是一種享受，是智者的表現。每天清晨你當宣告：「上帝啊！我感謝你，這是新的一天，我要以喜悅的心來迎接。」那麼在每一天的每一個時刻，你會體驗到上帝的同在，你的內心必然更純潔、更良善。

　　基督徒當保守自己能「心存善念」，對人、對上帝常存「無虧的良心」。

「心存善念」的益處

　　「清心的人有福了！因為他們必得見上帝。」清心的人（心存善念）最大的益處，就是可以「得見上帝」。這當然不是指他們的肉眼，乃是他們能看見上帝

的作為，經驗到上帝的真實。

「得見」具有兩層含意，可分為「肉體的眼光」（是生理的看見，只能看到我們所能看到的），和「屬靈的眼光」（是心靈的看見，超越物質的看見）。

所謂「屬靈的眼光」，似乎是極抽象的名詞，我舉一個比喻你就會更明白。一般人走在鄉村的路上，看見在一排排的籬芭上，除了雜亂無章的野草閑花之外，別無他物。但那受過訓練的植物專家不但看到花草，而且可以喊出它們的名字，並知道它的用途；他甚至發現某棵植物乃無價之寶，無比奇珍，因為他除了具備肉體的眼睛之外，另有一對專家的眼睛。

屬靈的境界也是如此。「清心的人能看見上帝」，一個內心善良純潔的人，除了具有肉體的眼睛之外，也具有另外一種眼光，他必然看見上帝。舉例來說，他的祈禱不是向空氣說話，是與上帝面對面地交談，因此他的禱告是何等的甘甜。他在事奉中也能遇見上帝，因為他凡事都為上帝而做，不是為人，所以在事奉中不會埋怨，反倒覺得甘甜。他在行善時也從人的身上遇見了上帝，耶穌說：「這些事你們既做在我這弟兄中一個最小

的身上，就是做在我身上了。」（太廿五40）聖經上說：「憐憫貧窮的，就是借給耶和華。」（箴十九17）因此，他不會捨不得，反而越作越甘心。在他讀聖經時更是遇見上帝，每句話都是上帝親自向他說的，因此靈修能使他重新得力。

清心的人真是有福，他能處處經歷到上帝的同在與帶領，所以清心（心存善念）的人必享有上帝同在的喜樂。

「心存善念」的人第二個益處是，看見上帝而親近上帝，必然能幫助自己勝過罪孽的誘惑。身體預防疾病的侵犯，必須建立良好的衛生習慣，而重視衛生的最基本要求就是乾淨清潔。照樣，「清心」是屬靈衛生的基本要求，可使罪惡無門可入，因為自心存善念，罪惡就無立足之地，一個看見上帝、親近上帝的人，必然獲得可以勝過誘惑的智慧與動力。

一個「清心」（心存善念）的人的第三個益處是，因為看見上帝而得著上帝隨時的幫助，以致能充滿信心地去克服在工作上、在學業上所面臨的困難，因此靈性必然更成熟，品性必然更進步。

　　聖經上記著說：「上帝實在恩待……那些清心的人！」（詩七三1）以致你也能說：「耶和華是我的牧者，我必不致缺乏。他使我躺臥在青草地上……他使我的靈魂甦醒……我雖然行過死蔭的幽谷，也不怕遭害……」（詩廿三1-4）凡在基督裡「心存善念」的人，必然獲得上帝這種隨時的支持與幫助。

　　「心存善念的人有福了！」因為上帝必然幫助他，成為常存「無愧良心」的人！

※　　　　※　　　　※

　　主耶穌說：「清心的人有福了！」「心地純潔的人有福了！」因為他們必看見上帝。求主幫助我們，我們也當立定心志，對人、對事都能「心存善念」，效法保羅勉勵自己，對上帝、對人常存無虧的良心。

　　「心存善念」能扭轉你的「命運」，使你獲得更喜樂、更幸福的人生！

第 **7** 章

使人和睦

使人和睦的人有福了！因為他們必稱為上帝的
兒子。

——馬太福音五章9節

一個人有仇必報，頂多只能和敵人扯平，但如
果有仇不報，他就高敵人一等。

——名言佳句

主啊！求你使我成為和平的工具：
凡有憎恨之處，讓我散布仁愛。凡有損傷之
處，讓我散布寬恕。
凡有疑惑之處，讓我散布信心。凡有失望之
處，讓我散布希望。
凡有黑暗之處，讓我散布光明。凡有憂愁之
處，讓我散布喜樂。
主啊！求你使我不求被安慰，而能安慰人。不
求被愛，而能愛人……。
阿們！

——聖法蘭西斯禱告文

主耶穌說：「使人和睦的人有福了！因為他們必稱為上帝的兒子。」這句話在希臘文原文是說：「使人和睦的人可稱為上帝的兒子。」這是很標準的希伯來人的說法。在希伯來文中缺少形容詞，每當希伯來人要某些東西的時候，不是用形容詞，而是用「……的兒子」加上一個抽象的名詞。所以一個人可稱為「和平的兒子」，而不是和平者。例如：巴拿巴被稱為勸慰子，而非稱為勸勉安慰的人（徒四36）。因此，「使人和睦的人有福了，因為他們必稱為上帝的兒子」，實際上是說：「使人和睦的人有福了，因為他們是做了上帝所做的工作。」

倘若我們還記得耶穌曾說：「清心的人有福了！因為他們必得見上帝。」就會被提醒它與「使人和睦」的連續性了。如果「清心的人」「必得見上帝」，那麼我們就要問：「得見上帝」的目的是什麼？「見了上帝」的人該有什麼反應？根據本節經文所顯示的，「得見上帝」的目的，是要我們能做上帝所做的工作。因此，我們不但要重視「得見上帝」的「屬靈」經驗，更當重視「屬靈」以後所當承擔「使人和睦」的職責。

　　記得我在神學院就讀，第一次讀到聖法蘭西斯的禱告文時，內心深受感動。這個禱告極具體且實際的回應主耶穌「使人和睦」的教導：「主啊！求你使我成為和平的工具：凡有憎恨之處，讓我散布仁愛。凡有損傷之處，讓我散布寬恕。凡有疑惑之處，讓我散布信心。凡有失望之處，讓我散布希望。凡有黑暗之處，讓我散布光明。凡有憂愁之處，讓我散布喜樂。主啊！求你使我不求被安慰，而能安慰人。不求被愛，而能愛人……。阿們！」我們也當在自己的家庭，在自己的工作環境中，在自己的教會生活裡，以作「上帝和平的使者」而自許與自勉。

與人和睦相處

　　「使人和睦的人有福了！」凡能幫助別人和睦相處的人，必須先懂得與人和睦相處。如果自己心裡還不能饒恕、接納一些人，或是對一些人有成見，或是心中充滿怒氣，那麼就不配勸別人和睦了。那麼，我們應怎樣行才能與人和睦呢？

「與人和睦」相處的第一個祕訣，是要懂得「柔和謙卑」。

一個具有「柔和謙卑」性格的人，不但懂得體諒別人的軟弱，更在自我反省中，謙卑地修正自己的錯誤。具有這種品性的人，才能與人和睦相處。懂得與人和睦相處，家庭才會有溫暖，社會才會有和睦。

曾有戶人家經常吵架，看見隔鄰的一戶家庭非常的和樂，十分羨慕，便前往請教：「你們家每天都很快樂，從沒聽見吵架聲，能告訴我有什麼祕訣嗎？」

鄰家的男主人回答說：「我們家的每個人都是壞人，所以不會吵架。」問的人不明所以，以為鄰人在敷衍他，便悻悻然離去。

有一天，極為和睦的這家人有一輛腳踏車被竊，他們的對話無意間被經常吵架的那戶人家聽到：「沒有關好大門，是我的錯。」

「不，我忘了上鎖，是我不好。」

「其實我不應該將車子放在院子裡。」……

　　那戶人家恍然大悟。一個成熟的人乃是懂得少責備別人，而多作自我反省修正，這種人必然能與人和睦相處，也會有良好的人際關係，更會有溫暖的家庭。

　　「與人和睦」相處的第二個祕訣，是要「話好話少」。

　　聖經上說：「回答柔和，使怒消退；言語暴戾，觸動怒氣。」（箴十五1）又說：「你們不要論斷人，免得你們被論斷。」（太七1）古聖賢說：「話多不如話少，話少不如話好。」這些都是強調一個道理，就是勸誡人說話要謹慎小心，以免犯下話多的缺失。然而，基督徒所更當追求的不是話少而是話好，在適當的時間、場合、對象，說出合宜的話語。

　　曾經有位長者受到一個人無理的怒罵，不管對方的態度如何的惡劣，這位長者一直保持沉默，並泰然處之。待對方罵累了，這位長者才開口：「朋友！如果有人送禮，對方不接受，那麼這禮物是誰的？」那人回答說：「當然是送禮的人的。」長者說：「對！你剛才無理的毀謗，如果我不接受，那又該誰受領？」那人啞口無言，只得向長者道歉，並且說：「對不起！我以後絕

不再亂說話了。」

說傷人的話就像向天空吐口水，不但不會污損天空，反而污損了你自己。如果你不想污損你自己，就不可口出惡言。一個成熟的人懂得話少話好的原則，這種人必然與人和睦相處，也會有良好的人際關係，更會有溫暖的家庭。

「與人和睦」相處的第三個祕訣，是要「寬恕待人」。

在別人有過失之處，應存寬恕之心，不可斤斤計較，我們若寬恕別人，也會蒙別人的寬恕，如此就能與人和睦相處了。遵守此一原則，夫妻關係必然更親密，人際關係也必然更和諧。在這方面，保羅提醒信徒們五項重點（羅十二17-21）：

一，不要以惡報惡。「不要以惡報惡；眾人以為美的事要留心去做。」

二，盡力與眾人和睦。「若是能行，總要盡力與眾人和睦。」

三，寧可讓步。「不要自己伸冤，寧可讓步，讓人發怒（「讓人發怒」經文原本譯為「聽憑主怒」，此譯乃根據小字註譯）」。

四，恩待仇敵。「你的仇敵若餓了，就給他吃，若渴了，就給他喝；因為你這樣行就是把炭火堆在他的頭上。」

五，以善勝惡。「你不可為惡所勝，反要以善勝惡。」

讓我們彼此鼓勵，一起來實踐這個真理。

西方哲人說：「一個人有仇必報，頂多只能和敵人扯平；但如果有仇不報，他就高敵人一等。」一個成熟的基督徒懂得寬恕待人，這種人必然能與人和睦相處，也會有良好的人際關係，更會有溫暖的家庭。

「願與人和睦」，是每位信徒所當存有的心志。

使人和睦相處

主耶穌說：「使人和睦的人有福了！」請注意，這

裡不是說「喜歡和睦」的人有福了，而是說「使人和
睦」的人有福了；不是袖手旁觀等候的態度，而是直接
去做上帝所做的工作——使人和睦。「使人和睦」就是
愛上帝的表現。

曾經聽見兩個大學生的談話，一個學生很生氣地
說：「我看到兩個人吵架，彼此互不相讓，一個說：如
果對方不道歉就要給他好看。」另一位學生說：「後來
怎麼了？」「他竟然道歉了。」「這難道不好嗎？」
「那就沒戲看了。」

看到別人失和而漠不關心，看到別人和好卻心裡難
過，這都是魔鬼在我們心裡工作。基督徒應該切記：
「使人和睦」不是「雞婆」的行為，「使人和睦」乃是
上帝給每位信徒的責任。

「使人和睦」的第一個原則，是以「建立德行」為
使人和睦的動機。

你要記得你是「和平的使者」，不是「和事佬」。
前者辨察是非，後者黑白不分。基督徒不是鄉愿，不能
為息事寧人而失去了該存有的道德勇氣。

　　曾經有兩個人為一件事爭執不已，卻一直無法獲得結果，於是甲去請教一位長者，並引述些自以為是的道理來支持自己。長者說：「是的，你沒有錯！」

　　接著，乙也如此去請教這位長者，長者也說：「是的，你沒有錯！」因此這兩個人更加爭執不休。

　　第三者看了感到十分困惑，大膽地指責這位長者說：「老先生，您不該如此欺騙這兩個人，而使他們失和啊！」

　　不料，這位長者竟然回答：「是的，你也沒有錯！」

　　這個故事啟示我們，鄉愿式的和睦不是基督徒所當學習的。保羅說：「所以，我們務要追求和睦的事與彼此建立德行的事。」（羅十四19）「和睦」和「建立德行」是相輔相成的，沒有德行就無法彼此和睦。和睦是以真理為基礎，絕不能為息事寧人而犧牲真理。

　　「使人和睦」的第二個原則，是「與上帝合作」。

　　我們雖然是和平的使者，仍該先祈求平安之靈的引

導，否則會適得其反。勸人和睦的工作是極為困難的，正如聖經所說：「弟兄結怨，勸他和好，比取堅固城還難。」（箴十八19）正因為很難，所以應該求主賞賜智慧，能客觀的判斷，也能用主的話如同鹽調和眾人。

人與人之間所以不能和睦，不外幾個因素：第一，有一方不肯原諒另一方的錯誤；第二，雙方都有錯誤；第三，被人挑撥（然而，聖經上說：「無人傳舌，爭競便止息。」箴廿六20）；第四，誤會所致，意氣用事。除非上帝賜智慧，否則無人能解開此結；除非禱告甚至是禁食禱告，否則無人能真正的和睦。

切記！唯有「與上帝合作」，才能使人真正和睦。

「使人和睦」的第三個原則，是要有高度的「耐性和愛心」。

使人和睦不是一件容易的事，不但要付出最大的辛勞，更也需要有智慧、愛心、耐性，才能收事半功倍的果效。因此，你要仔細地聆聽，審慎地思想，小心地分辨，不可冒失開口。要切記：要用溝通式的勸勉，而非演講式的指責。

　　要留意，如果有一方明知錯而不認錯，你不可妄自附和，也不宜嚴詞譴責，緘默是最佳的批判。使人和睦是神聖崇高的使命，因此態度要衷心、要發乎真誠，言詞語氣要溫和；不是用人的技巧去安撫的息事寧人，而是在基督裡用愛心盡其勸善規過之責。「願使人和睦」，成為上帝和平的使者，是每位信徒所當存有的心志。

※　　　※　　　※

　　從前有位長者，無論走到什麼地方，身邊總帶著一小瓶油。如果他走過一扇門，若門上發出輾軋的響聲，他就倒一些油在鉸鏈上；若他遇到一扇難以開啟的門，他就塗一些油在門閂上。他立志就是這樣做加油的工作，使別人因此而獲益。有許多人，他們每天的生活不和諧，充滿著軋軋響的咒罵聲，實在需要有喜樂的油、和睦的油分享給他們。就從你最近的人分起吧，使人和睦是一件何等美好的事！

　　主耶穌說：「使人和睦的人有福了！」凡真心「願與人和睦」，「使人和睦」的人，必然會有良好的人際關係，更會有溫暖的家庭。

　　切記！「與人和睦，使人和睦」，是每位信徒所當
努力的目標。

第 **8** 章

擇善固執

活出天國八福

為義受逼迫的人有福了！因為天國是他們的。
人若因我辱罵你們，逼迫你們，捏造各樣壞話
毀謗你們，你們就有福了！應當歡喜快樂，因
為你們在天上的賞賜是大的。在你們以前的先
知，人也是這樣逼迫他們。

——馬太福音五章10-12節

如果你跑得比別人更快，逆風亦會更強。如果
你想比別人更完美、更成熟，難免會遭受更大
的責難。

——名言佳句

我覺得，我們永遠不用去答覆人的攻擊。如果
錯誤是在於我，我就當承認，若不在我，交給
主就好了。

——達祕

　　「為義受逼迫的人」，現代中文譯本修訂本譯為
「為了實行上帝的旨意而受迫害的人」。在今天的社會
生活中，一個果真願意按照聖經最高標準行事的人，就

應該要有一種心理上的準備：他不一定會處處受人歡迎，有時反而會遭受排斥、抵制、拒絕、疏離，甚至被「捏造各種壞話」加以毀謗。

這種情境是一種考驗，但也是每一個基督徒所當勝過的考驗。

曾有位傳道人說了一句值得我們深思的話，他如此說：「在你的社交應酬中，如果你做的和別人不同，一定會招人議論；當你不再受批評時，你的行為和一般人已無兩樣。」因此，如何「擇善固執」而能「行善不可喪志」，且深信「若不灰心，到了時候就要收成」的應許，以致不但不被辱罵，毀謗的情境所擊倒，反而能藉著這種情境，使自己的品性與靈性因此更進步、更成熟、更完美。

不可否定的事實，人們對我們的辱罵、毀謗，是一種極大的打擊和挫折，你是因為人的辱罵、毀謗而自暴自棄，怨天尤人，或是藉著人的辱罵、毀謗，反而成為你靈性成長與品德進步的機會？這全在於你用什麼態度來面對、勝過。一個好的基督徒被人辱罵、毀謗是在所難免，但切記！務要積極地面對，不但不要讓所遭受的

辱罵、毀謗成為自己的絆腳石，反倒要積極地讓它成為肯定信仰、見證信仰的好機會。

遭受辱罵、毀謗的原因

基督徒會遭受人的辱罵、毀謗的第一個原因，是不肯與世人同流合污。

基督徒過著信仰生活，你正義的行為必然對別人產生壓力，所以會招人議論、排斥、抵制、毀謗。聖經上說：「他們在這些事上，見你們不與他們同奔那放蕩無度的路，就以為怪，毀謗你們。」（彼前四4）基督徒不但不因人的辱罵、毀謗而灰心，反而要因此得安慰。因為這是由於我們不與世人「同奔那放蕩無度的路」所引起的。

一般的世人無法明白「分別為聖」的必要與價值，反以基督徒良好的行為為「怪」（例如不打牌，不喝花酒，不受賄賂……等）。聖經中的偉人約瑟，他在波提乏妻子的眼中是個不解風情的「怪人」，所以約瑟被毀謗、被陷害而入監坐牢。可是上帝卻喜悅他那「分別為

聖」與「擇善固執」的行為，終究使他因此蒙福而獲得
宰相的地位。

基督徒會被人辱罵、毀謗的第二個原因，是因為招
人嫉妒。

一個有所作為、有所成就的基督徒，極容易招人嫉
妒；緊接著嫉妒而來的，就必然是辱罵和毀謗。古人
說：「不招人嫉是庸材」，實在是受委屈者極大的安
慰。聖經中描述摩西是上帝家忠心的僕人，上帝常和他
說話，他的哥哥亞倫和姊姊米利暗因嫉妒他，就毀謗
他，以致上帝向他們發怒（參民十一1-2）。

從這件事我們獲得幾點教訓：第一，摩西那麼偉大
和完全，尚且有人會辱罵、毀謗他；第二，毀謗他的人
是自己最親密的人；第三，他們的毀謗都是出於嫉妒；
第四，他們的辱罵、毀謗，上帝都聽見了。摩西謙卑忍
耐地面對毀謗，上帝也因此更加肯定他的領袖職分。

基督徒會被人辱罵、毀謗的第三個原因，是因為被
人誤會。

早期的教會當時的猶太人散布了很多毀謗基督徒的

謠言，首先，基督徒被控為食人者。在最後晚餐中，耶穌曾說：「這是我的身體」，「這是我立約的血」，竟被人扭曲為基督徒殺兒童、吃人肉的事情。基督徒又被控為縱火者（記得暴君尼祿故意在羅馬城縱火，然後嫁禍給基督徒的歷史故事嗎？），因基督徒們將世界末日在火焰中的信息告訴人，人們竟把這些話曲解為政治與革命性煽動的威嚇。

而在近代最常見的，莫過於基督徒因不祭拜祖先而被冠上不孝的罪名。其實家中有基督徒子女的人應最清楚，子女中最孝順的，常是那一位信耶穌的。早期當福音傳到臺灣時，遭到極大的阻力，在反對基督教的聲浪中，有謠傳信耶穌的人死後會被洋人挖眼睛、挖心等（因教會傳講耶穌會更換人心，改人性情）。總之，因著誤會，人們就「捏造各樣壞話」，辱罵、毀謗並破壞基督徒的形像。

如果你跑得比別人更快，逆風也會更強；如果你想比別人更完美，更成熟，難免會遭受更大的責難。基督徒如果熱切地追求明白真理，在家庭生活或工作崗位實踐真理，他的良善行為必然使人感到不安而排斥之，進

而以辱罵、毀謗來破壞其形像；在這種情境中，基督
徒理當「擇善固執」，不但不被辱罵、毀謗的遭遇擊
倒，反倒要在人的辱罵、毀謗中更見證出信仰的真實與
價值。

遭受辱罵、毀謗的態度

　　年輕人喜歡用打架來解決問題，事後才發現打架不
但沒有解決問題，反而製造出更多的問題。面對一個問
題，思索用什麼方式解決，從決定的方式，往往可看出
當事人的人格是否成熟。因此基督徒更當學會如何面對
他人的辱罵或毀謗。

　　首先，我們當冷靜檢討，是否自取其辱，自招其禍？

　　不要以為凡受逼迫、辱罵、毀謗的人就有福了，該
知道聖經上是指「為義」、「因我（主耶穌）」被辱
罵、毀謗才是有福。如果我們遭受排斥、抵制、辱罵
等，是因為作惡的緣故，如果我們違反社會道德常規，
受到社會制裁，違反法律而受到國家的制裁，這些都不
能算是「為義」受逼迫。

就如從前有段期間，有某某具爭議性教派的人士到處違反國家既定的法律，理當受國家的制裁；然而，他們卻散發傳單，毀謗政府，示威遊行，企圖製造一些為宗教的緣故而受迫害的假相，以為如此一來就可以獲得第八福的恩典。豈不知，第八福的條件，首先必須要「為義」、「為主」的緣故，而不是為「一己之利」。因此，我們遭受辱罵、毀謗時，當冷靜的檢討，是否出於自己的過失？或真是「為主」、「為義」的緣故？究竟我們是「擇善固執」，或是「執迷不悟」？古代文人陶覺說：「聞譽勿喜，且慮其或無；聞毀勿怒，且慮其或有。」這話值得我們深思。

其次，是當基督徒果真被人誤會、辱罵、毀謗時，更應當學會謹慎言行。有人被毀謗時，會灰心喪志地說：「我沒有偷懶。好，你說我偷懶，那我何必那麼認真？我就真的偷懶給你看。」還有本來熱心在教會服事的信徒，被人誤會他不忠心，便負氣地說：「算了，從今以後，我真的不要服事了，也不要作禮拜了。」這種強列極端的反應，正是攻擊者所期待的，實在是中了魔鬼的詭計，更證明了人的傳言並非空穴來風，人們的毀謗有其事實的根據了。

聖經上說：「存著無虧的良心，叫你們在何事上被毀謗，就在何事上可以叫那誣賴你們在基督裏有好品行的人自覺羞愧。」（彼前三16）又說：「你自己凡事要顯出善行的榜樣……叫那反對的人……自覺羞愧。」（多二7-8）只要我們肯「擇善固執」，恆心的循規蹈矩，終必獲得清白。

當我們被人冤枉、辱罵、毀謗時，要能心存寬恕。耶穌在十字架上，手足血流，痛苦難當，但在主心中仍存寬恕的心，甚至為他們禱告說：「父啊！赦免他們；因為他們所做的，他們不曉得。」（路廿三34）

希臘哲學家蘇格拉底有次走在雅典街上時，有人用棍子打他的背，他痛得無法站立而蹲下去，但很快又若無其事地站起來。目睹這件事的人問他說：「你挨打，為什麼不還手？」蘇格拉底微笑著回答說：「當一隻發野性的驢踢你時，你會還牠一腳嗎？」這個故事更能提醒我們當實踐「不以眼還眼、以牙還牙」的道理；更重要的是，當學習保羅的精神：「被人咒罵，我們就祝福；被人逼迫，我們就忍受。」（林前四12）讓我們學會在喜樂中寬恕人。

　　當我們被人辱罵、毀謗時，要能心存希望。一個敬虔的基督徒，在工作崗位上免不了偶爾會招人辱罵、毀謗，但事實終會證明我們的清白，絕不可因此灰心頹喪，甚至跌倒而遠離上帝。

　　主耶穌為我們留下最好的榜樣，聖經上說：「仰望為我們信心創始成終的耶穌。他因那擺在前面的喜樂，就輕看羞辱，忍受了十字架的苦難，便坐在上帝寶座的右邊。那忍受罪人這樣頂撞的，你們要思想，免得疲倦灰心。你們與罪惡相爭，還沒有抵擋到流血的地步。」（來十二2-4）

　　上帝也知道我們能忍受的情況、程度和力量，因此聖經上又說：「你們所遇見的試探，無非是人所能受的。上帝是信實的，必不叫你們受試探過於所能受的；在受試探的時候，總要給你們開一條出路，叫你們能忍受得住。」（林前十13）因此，我們就當彼此勉勵，無論在任何情況中，都能持守真道「擇善固執」，如聖經上所說：「存心忍耐，奔那擺在我們前頭的路程。」（來十二1）

　　偉大的傳道人達祕曾說：「我覺得，我們永遠不用

去答覆人的攻擊。如果錯誤是在於我，我就當承認，若不在我，交給主就好了。」能夠在被攻擊時，先作自我反省，而後持守真理且「擇善固執」，是每位信徒所當存有的正確態度。

※　　　※　　　※

將辱罵與毀謗視為見證信仰、肯定信仰的機會，並且為此而感謝上帝。當然這需要我們下極大的決心與毅力，但還是要努力去做！如果你能遵行本章的信息去面對人的攻擊，我保證你不會被人的辱罵、毀謗的情境所擊倒，卻反而成為你靈性成長，品德進步的動力和機會。

「擇善固執」是勝過辱罵、毀謗的力量，更是基督徒在日常生活中，所當具有的原則與態度。

第 **9** 章

活在上帝的世界中！

虛心的人有福了！因為天國是他們的。

哀慟的人有福了！因為他們必得安慰。

溫柔的人有福了！因為他們必承受地土。

飢渴慕義的人有福了！因為他們必得飽足。

憐恤人的人有福了！因為他們必蒙憐恤。

清心的人有福了！因為他們必得見上帝。

使人和睦的人有福了！因為他們必稱為上帝的
兒子。

為義受逼迫的人有福了！因為天國是他們的。

　　　　　　　　　　　　　——馬太福音五章3-10節

　　1987年，立法委員蕭瑞徵曾因金錢糾紛而被工程承
包商人槍擊斃命，這則新聞是當年最受各方矚目的一件
大新聞。該立委過世後，出現許多牽強附會的奇奇怪怪
傳說。其中最有趣的傳說，是蕭瑞徵在被槍殺的前一年
換了一部新座車，車牌號碼是由他親手挑選，極為特殊
且便於記憶的幸運號碼。那個車牌號碼是123-4567。有
人說，當蕭瑞徵挑選了這個號碼時，冥冥之中就已註定
了他以後和他妻子要雙雙遭受槍擊，一死一傷，夫婦永

別的悲劇。傳說中的說法是：蕭瑞徵的這個123-4567的車牌，123是表示那一天是蕭瑞徵死亡的日子——蕭瑞徵被建商槍擊之後，經過醫師搶救無功，是在一月二十三日這一天宣告死亡的，4567，則被認為是「死我留妻」的諧音。果然，蕭瑞徵不幸去世，他的妻子則存活下來，由於這種牽強附會的傳說，說得似乎其來有自，絲絲入扣，因此，許多的人更迷信車牌號碼真的可以顯示、甚至左右人們一生中的幸福與否。

事實上，一個人其一生之所以能「成功」或「失敗」、「幸」或「不幸」，一個人其家庭之所以會演變為「天堂」或「地獄」，都是由自己的品性所造成的，絕不是在於是否具有一個幸運號碼牌，或是否具有好地理、好風水的居住環境而決定的。

人的品性之所以為善作惡，全在一心。心淨，自然不存邪念，所言所行，就中規中矩；心不淨，便言語乖異，行為齷齪，因此，品性才是決定一生幸福與否的主要關鍵。舉例來說，農曆新年期間許多家庭都貼有春聯，在一般人的家中，我們看到牆上貼著一個很大倒置的「福」字，那是因為盼望「福」從天上傾倒下來；而

事實上，這個家庭若是一天到晚彼此吵架或為非作歹，此一倒置的「福」字，對他們又有什麼意義呢？上天怎能降福給這種家庭呢？

一個學生若想升學，就必得用功讀書；一個人若想要得到人的尊敬，就必須有良好的品性；如果一個人脾氣怪僻，為人刻薄，常常批評、論斷，人必然離開他。人若真的盼望活得更喜樂、更幸福，最聰明的方法就是實實在在地去實行登山寶訓中的八福，活在上帝的世界中、建立積極的生活態度，主耶穌說這種人就「有福」了。「有福」蘊含喜樂的意義，所以無論你輸或贏，成功或失敗，振奮或沮喪，得意或失意，你都能喜樂，因為，你已有了積極而正確的生活態度。

在主耶穌所教導這「八福」所含有的意義，就是獲得喜樂、幸福的八大祕訣，更是活在上帝世界中，該具有之積極的生活態度。

虛心的人有福了！

主耶穌說：「虛心的人有福了！」虛心，就是承認

自己的弱點，期待建設性的幫助和指引，期待自己能更進步。一個人品性的成熟與否，全然在於他是否肯「虛心」地接受真理，而且從這真理中去獲得生活的智慧——擁有「虛心」的生活態度。作老闆的「虛心」，生意就必興旺；職員若能「虛心」，一定不會被老闆「炒魷魚」；教師若肯「虛心」，必然活在進步中；朋友若彼此「虛心」，感情必然日深；夫妻若彼此「虛心」，家庭必定和睦；人必須肯「虛心」地接受救恩，才能獲得上帝的扶助，因為上帝阻擋驕傲的人，賜恩給謙「虛」的人。為人處世若能存著如此「虛心」的態度，就必能活在幸福中。

切記！「敬畏上帝，虛心處世」，是獲得喜樂、幸福人生的首要祕訣。

哀慟的人有福了！

主耶穌說：「哀慟的人有福了！」我們常常會做錯事，但是一個活在上帝世界中的人，其犯錯時不但能真心感到難過愧疚，而且具有不願再犯的意願和決心。願意為過錯哀慟而「痛」改前非的人，當然是有福之人。

這種哀慟能表達他「虛心」的真情，因著肯虛心真改過，天國就在內心了。現今，一般人做錯了事，不但不覺得內疚哀慟，反而用千方百計來搪塞、掩飾，而別人有一點點的錯誤，就挑剔、譏諷、指責，這不是有福而是有禍。人果真肯活在上帝的世界中，藉著聖經真理常常修正自己的行為，必然能活在幸福中。

切記！「接受真理，修正行為」，是獲得喜樂、幸福人生的第二個祕訣。

溫柔的人有福了！

耶穌又進一步的闡述活得更喜樂、幸福的祕訣是「溫柔」。這是上帝的子民所應該具有的美德。「溫柔」之意是縱然受到不公平、不合理和種種難受的事，也不埋怨，也不報仇。「溫柔」的確是一種美德，但卻常常被別人看為弱者的表現，聲音大一點的人就以為自己是強者，這是極大的錯誤。其實在家庭、在教會、在工作環境中，其待人處世的態度若能「溫柔」一點去表達自己的「想法」、「看法」、「作法」，其效果必然更好，說的人舒服，聽的人也舒服。與家人或親友何來

爭吵呢？活在上帝世界中的人，因著上帝的扶助而懂得以「溫柔」的態度去為人處世，必然能獲得喜樂、幸福的人生。

古人說「以柔克剛」，這是智者的表現。「溫柔」絕不是懦弱，卻是絕對的剛強；事實上，懦夫不能溫柔，溫柔絕非懦夫！「溫柔」不只是屬乎女性，而是每一個基督徒該培養的品德。

切記！「以柔克剛，以德服人」，是獲得喜樂、幸福人生的第三個祕訣。

飢渴慕義的人有福了！

耶穌說：「飢渴慕義的人有福了！」「慕義」是獲得喜樂、幸福人生的動力。「慕義」的含意是指活在上帝世界中的人，情願處處得主的喜悅，且又有願像天父一樣完全的心願；不但是心願，而且更願盡力地成就。人若以某一個偉人作榜樣，最多只能像某一個偉人；人若渴慕上帝且以祂為目標，結果自然就不同了。「飢渴慕義」的人一定恨惡罪惡，就會遠離一切的不義，這種

人當然是有福的人。

曾經有位青年人向牧師說：「我曾誤入歧途，如今不知道該如何擺脫壞朋友，過正正當當的生活？」牧師回答說：「你先過正正當當的生活，壞朋友自然會擺脫你。」因此，「飢渴慕義」可以說是指肯親近上帝、遠離罪惡、有正正當當行為的人。

切記！「渴慕真理，遠離罪惡」，是獲得喜樂、幸福的第四個祕訣。

憐恤人的人有福了！

一個人若有上帝的愛及真理在其心中，豈有不愛別人的呢？一個活在上帝世界中的人，豈能在別人遭遇患難、痛苦時，不給別人同情關懷呢？一個懂得憐恤別人的人，他的內心世界是多麼仁慈、良善，這種人必然得著別人和上帝的憐恤。一個充滿愛心的人，當然是喜樂而幸福的人。

切記！「尊重自己，體諒別人」，是獲得喜樂、幸福人生的第五個祕訣。

清心的人有福了！

　　一個渴慕真理、離棄罪惡、活在上帝世界中的人，不但溫柔、憐恤別人，而且也是「清心」的人——有純潔的動機，不嫉妒，不貪心，不但在外表的行為上沒有瑕疵，就是內心也沒有玷污，他的心是潔淨的。有清潔的心，才有正直的靈，清心的人必蒙上帝恩待。能蒙上帝恩待的人，當然是有福的人。

　　切記！「行為良善，動機純正」，是獲得喜樂、幸福人生的第六個祕訣。

使人和睦的人有福了！

　　一個活在上帝世界中的人，不但想到自己，而且關心別人，且願藉著言語、行動、祈禱來使人和睦。一個能使人和睦的人，必然是寬宏大量，肯吃虧的人。聖經上說，我們用什麼量器量給人，上帝也必用什麼量器量給我們（參太七2）。俗語說：「量大，福也大。」正是印證聖經的真理。這種人當然是有福的人。

切記！「寬宏大量，使人和睦」，是獲得喜樂、幸福人生的第七個祕訣。

為義受逼迫的人有福了！

「為義」受逼迫，是肯擇善固執，有強烈道德勇氣的人。人若因犯錯而受苦，是一件羞恥的事；一個活在上帝世界中的人，若因為持守真理原則，有所為有所不為，因此而受逼迫，這是光榮且蒙福的起點。

一個有新意且在真理中生活的人，其所面對的考驗是能忍受反對及逼迫。你會因灰心而放棄嗎？遵守真理有時是孤單的、不受歡迎的。你肯付代價嗎？如果我們肯默默地忍耐承受，聖經上應許：「惟有忍耐到底的，必然得救。」（太廿四13）因此，若能忍耐逼迫，一切的傷痛必然化為榮耀。這種人當然是有福的人。

切記！「持守真道，擇善固執」，是獲得喜樂、幸福人生的第八個祕訣。

※　　　※　　　※

在某監獄的牢房裡，晦暗的燈光下，一位記者振筆疾書。桌子對面坐了一個年輕人，蒼白的臉上充滿了沮喪的神情。

「讓我們把要點歸納一下，」記者停筆抬起頭來說：「你的意思是要我把你的痛苦經驗報導出來，使社會上的青少年有所警惕？」

「是的。更要讓為人父母的和當人家老師的，能夠引以為鑑，好好的教育子女和學生，不要重蹈我的覆轍。」

「你是說由於家境不好，父母失職，教師姑息和壞朋友的引誘，你才越陷越深，不能自拔？」

「是的。我恨我的家庭、我的父母、我的老師和那群酒肉朋友。」

訪問結束，記者步出牢房，警衛「噹！」的一聲，關上鐵門。

「對了！」記者忽然想起剛才訪問的時候，遺漏了最重要的一點，便回頭問年輕人：「壞的環境使你墮

落，這是毫無疑問的；可是，在克服壞環境的過程中，你曾經做了哪些努力呢？」

「我……」年輕人為之語塞，久久說不出話來。

「在克服壞環境的過程中，你曾經做了哪些努力呢？」這是一句多麼值得你我深思和反省的一句話。活在上帝的世界中，祂必扶助你克服壞的環境。

西方賢哲曾說：「那些在手掌中尋找命運的人，常常忘了他的雙手是締造命運的手。」當一個人肯改變自己的觀念、思想，改變自己的生活態度、行為，就能改變你自己的命運。如果你肯實踐這一篇真理教訓，活在上帝的世界中，你的人生必然會有極大的改變。

一，要敬畏上帝，虛心處世。

二，要接受真理，修正行為。

三，要以柔克剛，以德服人。

四，要渴慕真理，遠離惡事。

五，要尊重自己，體諒別人。

六，要行為良善，動機純正。

七，要寬宏大量，助人和睦。

八，要持守真理，擇善固執。

切記！倘若你肯如此「活在上帝的世界中」，你必然能獲得喜樂、幸福的人生。

他講道，更行道

　　我從小，當我還懵懵懂懂的時候，就常有外人向我評論起我爸爸的講道：「我們好喜歡聽你爸爸講道喔！」「你爸爸的講道好有力量。」甚至有一些牧師們跟我說：「你知道我們都叫你爸爸什麼嗎？我們都叫他『講道王子』！」

　　甚至一直到現在，許多神學院都還用他所寫的《實用講道法》（中國主日學協會出版）當做教材。

　　但其實對我而言，他最讓我服氣的，不是他講道「講」得有多好，而是他在生活中「活」得很好。以下有幾個面向可以簡單說明。

　　身為一個牧師，他常在講台上講愛，私底下，即便我們家不算富有，但卻曾有許多人對我說：「你知道嗎？當年在我有需要時，你父親曾經好幾次私下拿出錢

來幫助我度過困難。」但這些事我從來不知道，因為他從未掛在嘴邊。

身為一個牧師，他也常在講台上講信心，而私底下，我也見識到他在各樣疾病中的抗病風範與生命力！以及那種對上帝的倚靠與交託。這些活生生的畫面，都遠比他嘴巴所能講出的更精彩。

身為一個牧師，他亦常替人證婚，並在婚禮儀式中教訓人婚姻的重要，而在家裡，我更見識到他對我母親的愛與呵護，他不只是一個會教訓人婚姻重要性的牧師，他更是一個懂得用心經營自己婚姻的好丈夫。

在許多人眼中，施達雄是講道王子，是一個很擅長講道的牧師；但在我施以諾心目中，我所看到的不只是這些，我所看到的施達雄，是一個真男人！一個不只嘴巴「講」得好，更是「活」得好的真男人！

施以諾 博士
2016年7月27日

LOGOS系列3
活出天國八福—— 喜樂、幸福人生的八個祕訣

作　　者：施達雄
編　　輯：馮眞理
封面設計：黃聖文工作室
版型設計：林朋

發 行 人：鄭超睿
出版發行：主流出版有限公司 Lordway Publishing Co. Ltd.
出 版 部：台北市南京東路五段 389 巷 5 弄 5 號 1 樓
電　　話：(02) 2766-5440
傳　　眞：(02) 2761-3113
電子信箱：lord.way@msa.hinet.net
郵撥帳號：50027271
網　　址：http://www.lordway.com.tw/

經　　銷：

紅螞蟻圖書有限公司
台北市內湖區舊宗路二段 121 巷 19 號
電話：(02) 2795-3656　傳眞：(02) 2795-4100

華宣出版有限公司
地址：新北市中和區連城路 236 號 3 樓
電話：(02) 8228-1318　傳眞：(02) 2221-9445

2015 年 3 月／初版 4 刷，2016 年 8 月／二版 1 刷
2023 年 3 月／POD 二版 2 刷
書號：L1103　　　　　　　　　著作權所有 翻印必究
ISBN：978-986-86399-5-9（平裝）
Printed in Taiwan

國家圖書館出版品預行編目資料

活出天國八福：喜樂、幸福人生的八個祕訣
／施達雄著. -- 台北市：主流, 2011.12
面： 公分. -- (LOGOS系列；3)

ISBN 978-986-86399-5-9（平裝）

1.馬太福音 2.基督徒

241.691 100024569